MEINE VEGANE KÜCHE

Surdham Göb

MEINE VEGANE KÜCHE

Fotografiert
von Oliver Brachat

AT Verlag

Inhalt

Wieso vegan?

Mich vegan zu ernähren war keine Entscheidung, die ich bewusst getroffen habe, sondern vielmehr eine Entscheidung, die aus dem Herzen eines Kindes kam, das Tiere mochte und sich nicht vorstellen konnte, etwas zu essen, das einmal herumgelaufen ist. Meine Eltern verzweifelten an mir. Von klein auf mochte ich nicht nur kein Fleisch und keinen Fisch, sondern verschmähte auch Käse und Butter. Besorgt um meine gesunde Entwicklung mischten sie mir Fleisch in pürierter Form unters Essen, damit ich es nicht merke. Es ging jedoch nicht lange, und bald kam ich darauf, dass da was nicht stimmte. Eine richtig bewusste Entscheidung für eine fleischlose Ernährung traf ich als Elfjähriger, nach einem einschneidenden Erlebnis auf einem tunesischen Fleischmarkt während einer Reise mit meinen Eltern. Vor meinen Augen wurden Hühner hergerichtet, halbe Rinder hingen in der Sonne vor den Geschäften, und überall waren Fliegen. Und da wurde mir der Zusammenhang mit den Schnitzeln, Burgern und Würstchen klar: Es waren Tiere – genau wie die in Tunesien.

Ich habe meine fleischlose Ernährung dann sehr konsequent durchgezogen. Als Teenager ging ich auf Tierrechtsdemonstrationen und verteilte Sticker mit der Aufschrift »Fleisch ist Mord« in der ganzen Stadt. Anstrengend für mich und meine Umwelt.

In dieser Zeit habe mich auch stark mit unserer Lebensmittelindustrie beschäftigt, studierte die Inhaltsstoffe der Produkte und deren Produktionsverfahren. So stieß ich auf Herstellungsweisen von Lebensmitteln, die mich zutiefst irritierten und erschütterten. Unter anderem fand ich heraus, dass Gummibärchen aus Tierknochen gemacht und dass es einen Fall von zermahlenen Küken gab, die als Vollei verkauft wurden. Misstrauisch und enttäuscht kehrte ich vielen Produkten den Rücken. In mir wuchs mehr und mehr der Wunsch nach klarem und sauberem Essen. Ich wollte einfach nichts Tierisches mehr essen und merkte, dass es sehr schwer war, »ehrliches« Essen von zuverlässig nachweisbarer Qualität zu bekommen.

So veränderte sich meine Küche immer mehr – sie wurde einfacher, klarer, eindeutiger. Und ich merke heute, wie stark die Erfahrungen aus meiner Kindheit und Jugend meine Arbeit als Koch beeinflusst haben.

Ich koche im Grunde sehr einfach, sodass man stets erkennt, was man isst. Die Augen können die Zutaten sehen und erkennen. Die Zunge kann sie schmecken und zuordnen. Ich verstecke nichts. Ich lasse das Gemüse einfach Gemüse sein, so wie es ist, und helfe ihm nur ein wenig auf die Sprünge. Das ist es. Denn etwas zu verstecken kostet sehr viel Kraft, aber wenn es einfach sein darf, dann kann es erblühen, sich entfalten und in seiner Schönheit zeigen. So ist es mit den Menschen – und so ist es auch mit dem Essen.

Probier es aus, spür ob dein Körper sich verändert, deine Gedanken anders werden. Und dies einfach nur durch anders Essen.

Bio

Die biologische Landwirtschaft ist mir 2002 so richtig ans Herz gewachsen: Als ich einen Stand auf einem großen alternativen Festival in München plante, dem »Tollwood«-Festival, machte mich ein Freund und Mitbegründer des Festivals auf Bioprodukte aufmerksam. Ich hatte schon damals in Supermärkten und Reformhäusern vieles gefunden, was ich brauchte, um lecker zu kochen, und ich kochte für mich persönlich fast ausschließlich biologisch. Viele Produkte, die es im Bioladen gab, waren woanders auch nicht zu bekommen.

Tobi, der in Niederbayern aufgewachsen war, kannte den konventionellen Anbau nur zu gut. Er war so empört über die dort herrschenden Machenschaften, dass er jedem Bauern, den er auf dem Feld Pestizide versprühen sah, »Giftspritzer« hinterherschrie und sich dann freute, dass er wieder mal einem konventionell wirtschaftenden Bauern so richtig die Meinung gesagt hatte.

Mich hat das damals sehr nachdenklich gestimmt, und der Gedanke sank immer tiefer in mein Bewusstsein. Tobi meinte, wir sollten an unserem Stand auf dem Festival ganz auf »bio« setzen. Wenn wir etwas machten, dann sollten wir es auch richtig machen! Obwohl mir die damit verbundenen Kosten Sorgen machten – immerhin waren wir zum ersten Mal auf dem Festival, ohne Erfahrung, mit sehr kleinem Budget –, entschieden wir uns, hundertprozentig auf »Bio« zu setzen – vom Gemüse bis zu den Trockenwaren, von Gewürzen und Ölen bis hin zu den Putzmitteln. Absolut alles war biologisch angebaut oder stammte aus rein biologischer Produktion. Im Jahr darauf wurde es für alle Standbetreiber Pflicht, biologisch einzukaufen. Es war ein gutes Werbeargument für den Veranstalter, doch den Betreibern der Stände ist wohl das Herz genauso in die Hose gerutscht wie mir im Jahr zuvor, als Tobi mir den Vorschlag gemacht hatte.

Mit dem Geld ging es auf: Es ist nicht teurer, mit biologischen Produkten zu leben und zu kochen als mit konventionellen. Die Gewürze sind schmackhafter, man braucht also weniger davon; das Gemüse enthält nicht so viel Wasser und schmeckt nach dem, was es ist; eine Tomate schmeckt wirklich noch nach Tomate und so weiter.

In den drei Jahren, die wir am Festival teilgenommen haben, haben wir mit unserem Stand verschiedene Preise erhalten. Wie gut unser Stand »Veggy Island« gelaufen ist, hat mich selbst überrascht. Biologisch und vegan – unglaublich!

Zum Gebrauch dieses Buches

Es ist wie beim Lego-Spielen: Am Anfang bemüht man sich, alles genau nach Anleitung zusammenzubauen, und zählt genau ab: vier Noppen weiter rechts der Achterblock, obendrauf die Antenne, dann kommt noch der Fahrer auf den Sitz, und die Scheiben werden an die Seiten gesteckt. Jedes Detail wird beachtet, und am Schluss schaut es genauso aus wie auf der Verpackung. Doch dann war das Spiel vorbei, alles wurde wieder auseinandergenommen, und mit viel Fantasie machte man sich an etwas Neues. Aus einem Auto wurde ein Raumschiff, aus einem Boot ein Haus.

Genau so sind die Rezepte in diesem Buch zu verstehen. Es sind Vorschläge von mir für Gerichte, die sich aus bestimmten veganen, biologischen Zutaten zubereiten lassen. Haltet euch zunächst also an die Rezepte, versucht, ein Gefühl für die Materie zu bekommen, und freut euch an dem, was dabei herauskommt. Je mehr ihr durch Übung versteht, was beim Kochen eigentlich passiert, desto mehr könnt ihr euch von den Rezepten frei machen und selbst nach euren eigenen Ideen kochen.

Fast alle Rezeptbestandteile können ausgetauscht und gemischt werden. Für Sandwiches zum Beispiel kann man auch einmal die Paprikacreme vom arabischen Kichererbsensalat statt die Grüne-Pfeffer-Paste nehmen, zu einem indischen Essen auch mal Kartoffeln statt Reis kochen, und statt Sojamilch Reismilch verwenden. Aber es ist auf jeden Fall empfehlenswert, sich erst einmal mit den hier vorgeschlagenen Rezepten vertraut zu machen, denn je mehr man Vorgehen und Struktur erfasst, desto freier kann man sich dann in diesem Buch bewegen.

Die Einzelrezepte sind in der Reihenfolge beschrieben, die im zeitlichen Ablauf Sinn macht: Langwierige Zubereitungen stehen am Anfang und schnelle Vorgänge am Schluss, damit alle Bestandteile eines Gerichts möglichst gleichzeitig fertig werden und das Essen heiß serviert werden kann.

Die Zubereitung meiner Gerichte stellt oft andere Anforderungen als die normale Küche und verlangt Produkte mit ganz bestimmten geschmacklichen und kochtechnischen Eigenschaften. Daher finden Sie vereinzelt bei Zutaten (wie etwa Sojasahne, Johannisbrotkernmehl, Schokolade) Hinweise auf bestimmte Hersteller bzw. Firmennamen. Die entsprechenden Rezepte funktionieren nur mit diesen Produkten einwandfrei bzw. ergeben nur mit ihnen die gewünschte geschmackliche Qualität. Alle Gerichte in diesem Buch wurden mit Zutaten in Bioqualität zubereitet. Gemüse und Früchte sollten wenn immer möglich frisch verwendet werden (keine Tiefkühlware).

Sämtliche Rezepte sind, sofern nicht anders vermerkt, für 4 Personen berechnet.

Drinks

Wassermelonen-Drink

½ **Wassermelone**
2 **Limetten**
8 **Eiswürfel**
½ **TL Fleur de Sel**

Die Wassermelone schälen, das Fruchtfleisch in Scheiben schneiden und die Kerne mit einem kleinen Löffel herauskratzen.
Die Limetten auspressen und den Saft zusammen mit Wassermelone und Eiswürfeln in einem Standmixer auf höchster Stufe schaumig pürieren. Gleichmäßig auf 4 Gläser verteilen und mit ein wenig Fleur de Sel bestreuen.

Wassermelonen-Drink bekommt man wohl an den meisten Stränden dieser Welt zu trinken. Vor einigen Jahren war ich mit meiner Freundin in Bali, und sie liebt diesen Drink. In der Hitze hat sie sich manchmal versprochen und »Water-lemon-Juice« bestellt. Ich fand das so süß, dass mir die Idee kam, aus dem Versprecher ein Rezept zu machen.
Salz auf Obst zu geben, habe ich zum ersten Mal in Indien gesehen, wo Obst fast ausschließlich mit Salz gegessen wird. Es gibt den Getränken die Mineralien, die man beim Schwitzen verliert.

Hawaiian Blue

6 Saftorangen
½ reife Ananas
1 Vanilleschote
300 ml Saft der grünen
Kokosnuss
8 Eiswürfel

Die Orangen auspressen, die Ananas schälen und vom harten Strunk befreien. Die Vanilleschote halbieren und auskratzen. Alles in einen Standmixer geben und mit dem Saft der Kokosnuss und Eiswürfeln schaumig pürieren. Sofort servieren.

Ein exotischer Drink, der einen an Ort und Stelle in den Urlaub verfrachtet – eines meiner Lieblingsgetränke! Die Vanille in Verbindung mit der Kokosmilch und der Säure von Ananas und Orangen ist einfach göttlich. Ich habe es noch nie geschafft, den Drink schneller herzustellen, als ihn zu trinken, obwohl ich echt schnell sein kann in der Küche ...

Mandelmilch

200 g kalifornische Mandeln

Die Mandeln auf einem Blech im vorgeheizten Backofen bei 150 Grad 10 Minuten backen. Sie dürfen dabei nur leicht backen und nur leicht bräunen.
Die gerösteten Mandeln anschließend in reichlich Wasser mindestens 2 Stunden einweichen. Abgießen, mit 1 l gefiltertem Wasser aufgießen und mit dem Pürierstab oder im Mixer pürieren. Durch ein Passiertuch oder Haarsieb die Mandelmilch ausdrücken.

Die Mandelmilch ist nun servierfertig und 2 Tage im Kühlschrank haltbar. Je nach Geschmack warm oder kalt trinken und bei Bedarf mit Agavendicksaft süßen.

Die im Tuch zurückgebliebene Mandelmasse kann zum Backen, als Füllung von Kuchen und allerlei Gebäck oder als Panade verwendet werden.

Mandelmilch ist ein Getränk, das ich aus Kalifornien kenne. In San Franciscos »Medicine Food Station« haben meine Schwester und ich ein Praktikum absolviert, in dem wir viel über die vegane japanische Küche gelernt haben. Die Mandelmilch, die dort gemacht wurde, war einmalig. Die Einfachheit des Getränks – genial! Sie mag auf den ersten Geschmack nicht so viel hermachen, wie man nach meinem Schwärmen vermuten könnte. Aber trink sie eine Zeitlang, und du wirst merken, wie sie weich und sanft macht, wie beruhigend sie auf Geist und Körper wirkt.

Safran-Reismilch

1 l Reismilch
1 Prise Safran

Die Reismilch ohne Deckel zum Köcheln bringen und auf 700 ml einköcheln. Den Safran beigeben und ziehen lassen, bis die Milch eine schöne, gelbe Farbe hat.

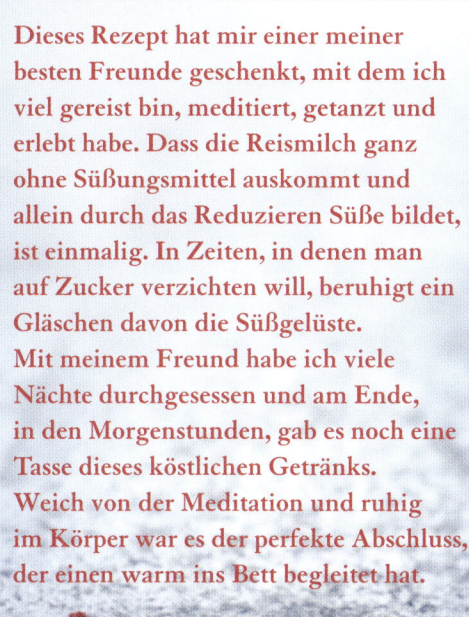

Dieses Rezept hat mir einer meiner besten Freunde geschenkt, mit dem ich viel gereist bin, meditiert, getanzt und erlebt habe. Dass die Reismilch ganz ohne Süßungsmittel auskommt und allein durch das Reduzieren Süße bildet, ist einmalig. In Zeiten, in denen man auf Zucker verzichten will, beruhigt ein Gläschen davon die Süßgelüste.
Mit meinem Freund habe ich viele Nächte durchgesessen und am Ende, in den Morgenstunden, gab es noch eine Tasse dieses köstlichen Getränks. Weich von der Meditation und ruhig im Körper war es der perfekte Abschluss, der einen warm ins Bett begleitet hat.

Heisse Schokolade

500 ml Sojamilch Vanille
(von Natumi)
3 EL Kakao, schwach entölt
1 Msp. gemahlene Vanille
1 EL Vollrohrzucker
evtl. 2 Msp. gemahlener
Zimt

Alle Zutaten zusammen langsam erhitzen und dabei klümpchenfrei rühren. Wenn die Schokolade heiß ist, vom Herd nehmen und direkt vor dem Servieren mit einem Pürierstab aufschlagen.
Nach Belieben noch etwas Zimt unterrühren. Wird der Zimt schon vorher beigefügt, bildet die heiße Schokolade keinen Schaum. Und ohne Schaum ist sie nur halb so lecker.

Die langen Zutatenlisten der Fertig-mischungen für heiße Schokolade war ich leid geworden. Ich wollte ein Rezept, das all das bietet, was eine echte heiße Schokolade haben soll – nicht mehr und nicht weniger. Dunkel, heiß, mäßig süß, mit Schaum zum Schlecken und dem gewissen Etwas.

Masala Chai

½ l Sojamilch Vanille
(von Natumi)
1 EL Kardamom
2 kleine Zimtstangen
1 Sternanis
1 TL Nelken
5 Pimentkörner
15 g Ingwer
1 EL Vollrohrzucker
9 g Assam-Kugelblatt-
Schwarztee

Alle Zutaten bis auf den Schwarztee in ½ l Wasser bei guter Mittelhitze langsam zum Kochen bringen und dann vom Herd nehmen. Den Schwarztee beigeben und umrühren, 5 Minuten ziehen lassen und dann abgießen. Den Chai heiß servieren.

Immer wieder habe ich mich in Indien dort, wo mir der Chai besonders gut geschmeckt hat, nach dem Rezept erkundigt. Es hat eine Zeitlang gedauert, bis ich die richtige Mischung für mich gefunden hatte – und hier ist sie.

Beim Tee muss man ein bisschen spielen und ausprobieren, es ist ja schließlich ein indischer Tee, und da sind die Begriffe sehr dehnbar. Wenn Züge in Indien Verspätungen von einigen Tagen haben, wenn Wegbeschreibungen von verschiedenen Personen innerhalb von fünf Minuten komplett voneinander abweichen, darf man seinem Gefühl gerne vertrauen und den Tee mal länger und mal kürzer ziehen lassen.

Salate

Suppen

Vorspeisen

Mizuna-Salat mit Shiitakepilzen, kandiertem Ingwer und Sesamdressing

KANDIERTER INGWER:
80 g Ingwer
4 EL Birnendicksaft

MIZUNA-SALAT:
100 g Mizuna (Japanischer Senfkohl)
100 g Rucola
100 g Green-in-Snow-Salat (Blattsenf)

SHIITAKEPILZE:
8 große Shiitakepilze
3 EL Birnendicksaft
3 EL Tamari (japanische Sojasauce)

SESAMDRESSING:
½ Zitrone
3 EL Tahin
Salz

2 EL Sesam zum Garnieren

KANDIERTER INGWER

Den Ingwer schälen und in lange, feine Streifen schneiden. Den Birnendicksaft in eine Pfanne geben und den Ingwer darin so lange köcheln, bis der Saft vollständig verkocht ist. Anschließend auf einem mit Backpapier ausgelegten Backblech verteilen und im Backofen bei 70 Grad trocknen, bis der Ingwer knusprig ist.

MIZUNA-SALAT

Die Blattsalate mischen, waschen und trocken schleudern.

SHIITAKEPILZE

Die Shiitakepilze putzen und in einer Pfanne nur auf der Hutseite in Birnendicksaft und Tamari anbraten. Die Flüssigkeit reduzieren, bis sie fast verkocht ist, dann die Pfanne vom Herd nehmen und die Pilze bis zum Servieren darin lassen.

SESAMDRESSING

In einem hohen Gefäß 2–3 Esslöffel Wasser, Zitronensaft, Tahin und Salz mit einem Pürierstab zu einem feinen Dressing mixen.

Den Sesam in einer Pfanne leicht anrösten, bis er zu knistern beginnt.

ANRICHTEN

Einen Spiegel Sesamdressing auf den Teller geben. Etwas Salat darauflegen und mit 2 Shiitakepilzen krönen. Mit kandiertem Ingwer dekorieren, mit dem Saft der Pilze beträufeln und den gerösteten Sesam darüberstreuen.

Grapefruit-Feldsalat mit Mandarinensalbei und Pinienkernen

SALAT:
300 g Feldsalat
1 Bund Mandarinensalbei
mit Blüten, ersatzweise
Salbei
3 rosa Grapefruits
3 EL Pinienkerne

DRESSING:
6 EL Sonnenblumenöl
3 EL Agavendicksaft
Salz, Pfeffer aus der
Mühle

SALAT

Feldsalat und Mandarinensalbei waschen und trocken schleudern. Die Schale und Fruchthaut der Grapefruits entfernen und die Filets aus der Frucht lösen. Die übrig-gebliebenen Fruchtteile auspressen, sodass es etwa 6 Esslöffel Grapefruitsaft ergibt.

Die Pinienkerne bei kleiner bis mittlerer Hitze in einer Pfanne vorsichtig hellbraun rösten. Vorsicht: Sie werden sehr schnell dunkel.

DRESSING

Den Grapefruitsaft mit Öl, Agavendicksaft, Salz und Pfeffer aufschlagen.

ANRICHTEN

Die Salbeiblättchen von den Rispen zupfen, mit dem Feldsalat und dem Dressing vermengen und anrichten. Die Grapefruitfilets dazulegen, Salbeiblüten und Pinien-kerne darüberstreuen.

Bei Oliver in Düsseldorf zu Besuch, dem Fotografen, der die tollen Fotos für dieses Buch gemacht hat, ging ich auf den Wochenmarkt. Als ich dort die roten Blüten des Mandarinensalbeis sah, hatte ich sofort ein Bild vor Augen: Rot, Rosa, Weiß und dazu der grüne Hintergrund aus Salat und Salbeiblättern. Es ist spannend, sich einfach von Farben leiten zu lassen und nicht streng zwischen Obst und Gemüse zu unterscheiden. Man kann so gut wie alles süß, sauer, scharf, bitter und salzig anmachen.

Dieser Salat ist saisonbedingt. Gute, reife Feigen bekommt man nur im Sommer, und der rote Feldsalat ist auch nicht immer erhältlich. Doch wenn die Zeit da ist, zugreifen! Anstelle des roten kann auch grüner Feldsalat verwendet werden. Der Reichtum dieses Salats an Farben und Geschmack ist wunderbar. Er lässt sich sehr schnell zubereiten und macht richtig was her. An Feigen und Dressing nicht sparen, beides passt super zusammen!

Roter Feldsalat mit Feigen und Korianderdressing

SALAT:
350 g roter Feldsalat
10 Feigen, rote und grüne gemischt
50 g ganze Mandeln

DRESSING:
1 Bund Koriander
2–3 EL Sonnenblumenöl
Saft von 1 Orange
Salz

SALAT
Den Salat waschen, putzen und trocken schleudern. Die Feigen vierteln. Die Mandeln fein stifteln und in einer Pfanne leicht anrösten.

DRESSING
Den Koriander zusammen mit Öl, Orangensaft und Salz in einem hohen Gefäß mit dem Pürierstab fein pürieren.

ANRICHTEN
Den Feldsalat auf Tellern auslegen und mit Dressing beträufeln, je 10 Feigenviertel darauf verteilen und mit Mandelsplittern garnieren.

Trauben-Walnuss-Salat mit Papayadressing

SALAT:
250 g Babyspinat
100 g rote Trauben, möglichst kernlose
Saft von 1 Orange
2–3 EL Agavendicksaft
80 g Walnüsse

DRESSING:
½ kleine, reife Papaya
50 ml Sonnenblumenöl
Saft von 1 Zitrone
Salz

SALAT
Den Babyspinat waschen, putzen und trocken schleudern. Die Trauben von den Stielen zupfen, halbieren und, falls vorhanden, die Kerne mit einer kleinen Gabel entfernen.

In einem kleinen Topf den Orangensaft und den Agavendicksaft erhitzen und darin die Walnüsse kochen. Wenn die Flüssigkeit reduziert ist und die Nüsse schön klebrig sind, diese zum Abkühlen auf Backpapier verteilen.

DRESSING
Die Papaya schälen und mitsamt den Kernen in ein hohes Gefäß geben. Öl, Zitronensaft und Salz dazugeben und alles fein pürieren.

ANRICHTEN
Den Salat mit den Trauben auf den Tellern anrichten, das Dressing darüberträufeln und mit den Walnüssen garnieren.

Spinat solo als Salat ist schon göttlich; mit Trauben und säuerlich angemachten Walnüssen ergibt er ein einmaliges Geschmackserlebnis. Durch das Papayadressing bekommt der Salat eine unerwartete Richtung. Die Papayas kommen übrigens samt ihren leicht pfeffrig schmeckenden Kernen in das Dressing.
Als ich das erste Mal in Hawaii war, konnte ich kaum glauben, wie gut all das Obst und Gemüse schmeckte, das direkt vor meinem Zelt im Garten eines Bekannten einfach so vor sich hin wuchs. Avocados, Papayas, Pomelos, Acerola-Beeren, Guaven, Passionsfrüchte … alles konnte man auf dem Weg zum Strand frisch vom Baum das ganze Jahr hindurch pflücken und in sich hineinstopfen!

Wassermelonen-Estragon-Salat

SALAT:
½ Bund Blutsauerampfer,
ersatzweise Sauerampfer
¼ Bund Agano-Salat
(rote Asia-Rauke),
ersatzweise Rucola oder
Rote-Bete-Blätter
¼ Kopf grüner Eichblatt-
salat
4 EL Kürbiskerne
1 EL Shoyu (Sojasauce)
¼ Wassermelone

DRESSING:
Saft von 1 Zitrone
2 EL Agavendicksaft
Salz
4 EL Sonnenblumenöl
1 Bund Estragon

SALAT

Die Blattsalate waschen, putzen und trocken schleudern.
Die Kürbiskerne in einer beschichteten Pfanne anrösten, bis sie zu knacken beginnen. Sofort in eine kleine Schüssel geben und mit Shoyu ablöschen.
Die Kerne mit einem Löffel in Bewegung halten, bis sie getrocknet sind.
Die Wassermelone schälen und in ½ cm dicke Scheiben schneiden.
Gegebenenfalls die Kerne mit einem kleinen Löffel herauskratzen.
Die Wassermelonenscheiben in Dreiecke schneiden.

DRESSING

Zitronensaft, Agavendicksaft und wenig Salz verrühren und die Melone damit beträufeln. Nach einigen Minuten zieht sie Saft. Diesen Saft in eine kleine Schüssel geben, das Öl beifügen und mit einem Schneebesen zu einem Dressing schlagen.
Zuletzt den Estragon unter die Melone heben.

ANRICHTEN

Die Blattsalate auf Teller geben und mit Wassermelone belegen.
Die Kürbiskerne darauf verteilen und das Dressing darüberträufeln.

Irgendwann in einem heißen Sommer, als ich im »Tushita Teehaus« in München Chefkoch war, suchte ich nach etwas, das man essen kann, wenn bei uns ungewöhnliche 35 Grad sind. Wassermelone ist da genau richtig: Sie kühlt, erfrischt und versorgt den Körper mit Flüssigkeit. Doch Melone immer nur in Spalten und pur, wird bald langweilig. Ich begann zu experimentieren, mit Kräutern und Salz, als Kaltschale, als Salat – ich habe mit der Melone einfach alles aus-probiert, was ich mir nur vorstellen konnte. Zum Beispiel diese Kombination aus frischem Estragon, Zitronensaft und Kürbiskernen.

Wildkräutersalat mit Kräuterseitlingen und Kiwidressing

WILDKRÄUTERSALAT:
4 Zweige Taubnesseln
mit Blüten
1 Handvoll Melde
(wilder Spinat)
8 Blätter junger
Löwenzahn
4 Zweige Vogelmiere
8 junge Blätter Giersch
1 Handvoll Portulak
4 Blätter Spitzwegerich

KRÄUTERSEITLINGE:
4 große Kräuterseitlinge
2 EL Olivenöl
Salz, Pfeffer aus der
Mühle
1 Zweig Rosmarin

DRESSING:
2 reife Kiwis
Saft von 1 Zitrone
2–3 EL Sonnenblumenöl
Salz

WILDKRÄUTERSALAT

Von den Taubnesseln die Blüten entfernen und beiseitelegen. Die Wildkräuter putzen, von harten Stielen befreien und in einer Schüssel locker mischen.

KRÄUTERSEITLINGE

Die Kräuterseitlinge putzen, längs halbieren und in einer Pfanne mit Öl beidseitig anbraten, bis sie schön Farbe bekommen haben. Die Pfanne vom Herd nehmen. Die Pilze salzen und pfeffern und die abgezupften Rosmarinnadeln dazugeben.

DRESSING

Die Kiwis schälen und grob schneiden. In einem hohen Gefäß Kiwis, Zitronensaft, Öl, Salz und etwas Wasser zu einem dickflüssigen Dressing pürieren.

ANRICHTEN

Die Kräuter auf 4 Gläser oder Teller verteilen und mit Dressing beträufeln, die Pilze und jeweils eine Scheibe Kiwi seitlich dazulegen, mit Taubnesselblüten garnieren und sofort servieren.

Das Herrliche an Wildkräutern ist, dass sie uns einfach mal raus auf die Wiese bringen und wir den Boden unter den Füßen wieder mal spüren – nicht den Asphalt, sondern Erde und Stein. Dort pflücken und sammeln wir dann, was es gerade gibt, was reif und frisch ist. Welche Kräuter und Wildpflanzen wir verwenden, ist ziemlich egal – hier etwa ist es ein Gleichgewicht aus wildem Spinat und Taubnesseln, mit den intensiveren Kräutern eher zurückhaltend im Hintergrund. Wildkräuter findet man im Frühling und Sommer auf Wiesen und immer öfter auch auf Wochenmärkten mit Bio-Angebot sowie im Handel (z. B. im Wildkräuter-Versand www.wilde-7.de). Gegrillte Kräuterseitlinge sind übrigens ein Hit, das Kiwidressing ebenfalls. Grün, frisch, happy.

Orientalischer Kichererbsensalat mit Pistazien und Datteln

KICHERERBSENSALAT:

200 g Kichererbsen, über Nacht in reichlich Wasser eingeweicht

2 rote Paprikaschoten

Olivenöl zum Einölen der Paprikaschoten

50 g Pistazien

60 g Datteln, entsteint, zerkleinert

2 Bund glatte Petersilie

1 TL Rosenpaprika

½ TL gemahlener Kreuzkümmel

¼ TL Kurkuma

4 EL Olivenöl

Saft von 1 Zitrone

Salz

PAPRIKA-SONNEN-BLUMENKERN-PASTE:

250 g Sonnenblumenkerne

2 rote Paprikaschoten

Olivenöl zum Einölen der Paprikaschoten

4 EL Olivenöl

1 EL Rosenpaprika

½ TL Kurkuma

Salz

KICHERERBSENSALAT

Die Kichererbsen in frischem Wasser gar kochen; das kann bis zu 2 Stunden dauern. Zwischendurch den Eiweißschaum mit einer Schaumkelle abschöpfen. (Die Kichererbsen erst nach dem Garen salzen, da sie sonst langsamer garen.) Als Garprobe eine Kichererbse in der Mitte durchschneiden: Wenn sie durch und durch die gleiche Farbe hat und keinen festen Kern mehr aufweist, ist sie gar.

Die Paprikaschoten rundum einölen. Bei 190 Grad im Backofen etwa 15 Minuten backen, bis die Haut sich dunkel färbt (die Paprikaschoten für die Paste können hier gleich mitgebacken werden). Herausnehmen und 5–10 Minuten zugedeckt nachdämpfen lassen, dann mit einem Messer die Haut abziehen. Die Paprikaschoten halbieren, entkernen und in Streifen schneiden. Mit Pistazien, Datteln, der zerzupften Petersilie, Gewürzen, Öl, Zitronensaft und Salz vermengen.

Die Kichererbsen nach dem Garen abgießen, abschrecken und gut abgetropft mit der Paprikamischung vermengen. Eventuell nachsalzen.

PAPRIKA-SONNENBLUMENKERN-PASTE

Die Sonnenblumenkerne in reichlich heißes Wasser legen. Die Paprikaschoten wie oben beschrieben backen, nachdämpfen lassen und enthäuten, halbieren und entkernen.
Die Sonnenblumenkerne abgießen und abtropfen lassen. Mit den restlichen Zutaten in einem hohen Gefäß zu einer feinen Paste pürieren. Mit Salz abschmecken und bis zum Verzehr kalt stellen.

FLADENBROT

FLADENBROT:
10 g Frischhefe
250 g Dinkelmehl
Type 630
2 EL Olivenöl
1 Prise Salz
1 EL weißer Sesam und
1 EL schwarzer Sesam,
gemischt

Die Hefe in 170 ml lauwarmem Wasser auflösen und mit etwa Dreiviertel des Mehls, dem Olivenöl und Salz zu einem glatten Teig vermengen. In einem geschlossenen Gefäß 1 Stunde gehen lassen. Dann mit dem restlichen Mehl zu einem geschmeidigen Teig schlagen, bis dieser Blasen wirft. Mit einem Teigschaber 4 gleich große Teigportionen abstechen und diese auf einer bemehlten Arbeitsfläche zu Fladen ausrollen. Auf ein Backblech legen, mit Wasser bepinseln und mit dem gemischten Sesam bestreuen. 5–10 Minuten abgedeckt gehen lassen. Den Backofen auf 250 Grad vorheizen.

Die Fladen in den Backofen schieben und auf den Boden des Ofens eine halbe Tasse Wasser gießen, damit sich Dampf entwickelt. Die Backofentür sofort wieder schließen. Die Fladen etwa 7 Minuten anbacken, dann die Temperatur auf 200 Grad reduzieren und etwa 8 Minuten fertig backen, bis sie eine schöne Farbe haben. Das Brot heiß servieren.

GEGRILLTE AUBERGINEN:
2 kleine Auberginen
Saft von ½ Zitrone
4 EL Olivenöl
Salz

GEGRILLTE AUBERGINEN

Den Stielansatz der Auberginen entfernen und die Früchte in 3–4 cm dicke Scheiben schneiden. In einer Schüssel mit reichlich Wasser 15 Minuten einweichen. Die abgetropften Auberginenscheiben auf ein Backofengitter legen und im Backofen bei 220 Grad 15 Minuten goldbraun backen.
Zitronensaft, Olivenöl und Salz zu einem Dressing verrühren und die Auberginenscheiben nach dem Backen damit bepinseln.

GEGRILLTE ZUCCHINI:
2 Zucchini
3 EL Olivenöl
Salz

GEGRILLTE ZUCCHINI

Die Zucchini schräg in ½ cm dicke Scheiben schneiden und auf einem Backofengitter im Backofen bei 220 Grad 4 Minuten trocken backen. Die Zucchinischeiben in einer Schüssel mit Olivenöl und Salz würzen.

GEGRILLTER RADICCHIO:
1 kleiner Radicchio
1 Zweig Thymian
2 EL Olivenöl
2 EL Agavendicksaft
Salz

GEGRILLTER RADICCHIO

Die äußeren Blätter des Radicchios entfernen und den Salatkopf in 2 cm dicke Scheiben schneiden. Die Thymianblätter abzupfen. In einer beschichteten Pfanne im heißen Öl den Radicchio auf höchster Stufe beidseitig je etwa 30 Sekunden anbraten. Vom Herd nehmen und vorsichtig mit Agavendicksaft, Thymianblättern und Salz würzen, sodass die Radicchioscheiben ganz bleiben.

ANRICHTEN

Auf großen Tellern abwechselnd Zucchini- und Auberginenscheiben
zu einem Kreis legen. In der Mitte eine Radicchioscheibe platzieren.
Einen Servierring (ersatzweise einen großen Joghurtbecher verwenden,
dessen Boden abgeschnitten wurde) auf die Radicchioscheibe setzen.
Ein Viertel der Paste einfüllen und glatt streichen, mit Kichererbsensalat bedecken, darauf eine weitere Schicht Paste und wieder Kichererbsensalat geben. Vorsichtig den Ring abziehen. Das heiße Brot dazulegen.

**Der arabische Super-Salat. Hör den Kichererbsen
beim Einweichen über Nacht zu, wie sie knistern in der
Metallschüssel! Zuerst den Aufstrich zubereiten, den
Rest erst kurz vor dem Essen. Das Brot kann man selbst
machen oder sich beim Bäcker nebenan besorgen.
Das Gemüse kann man übrigens nach Lust und Laune
durch andere Sorten ersetzen – einfach munter
ausprobieren! Es gibt so viele Wege, wie ein solcher
Salat entsteht, und nichts ist fest vorgegeben.**

Avocado-Gurken-Kaltschale mit Paprika-Zitrus-Sorbet

PAPRIKA-ZITRUS-SORBET:
2 rote Paprikaschoten
1 Limette
1 Saftorange
1 Msp. Guarkernmehl
½ TL Johannisbrotkern-
mehl (von Rapunzel)
8 Safranfäden
Salz

**AVOCADO-GURKEN-KALT-
SCHALE:**
2 reife Avocados
½ Gurke
30 g Ingwer
Saft von 2 Orangen
Eiswürfel
Salz

PAPRIKA-ZITRUS-SORBET

Die Paprikaschoten rundum einölen und im Backofen bei 230 Grad 15 Minuten backen. Zugedeckt 10 Minuten ruhen lassen. Anschließend die Paprikaschoten enthäuten, halbieren, entkernen und in feine Streifen schneiden. Die Schale und Fruchthaut der Zitrusfrüchte mit einem scharfen Messer entfernen und die Filets herauslösen, dabei den Saft auffangen. Die Zitrusfruchtfilets zu den Paprikastreifen geben.

Ein wenig Zitrussaft zum Guarkernmehl und Johannisbrotkernmehl geben, mit einem Schneebesen verrühren und unter die Paprikastreifen und Zitrusfilets rühren. Mit Safran und Salz würzen und in einer abgedeckten Schüssel in den Tiefkühler stellen. Nach 20 Minuten das Sorbet mit einem Löffel durchrühren und wieder in den Tiefkühler stellen. Diesen Vorgang noch zweimal wiederholen, bis die Masse leicht angefroren ist.

AVOCADO-GURKEN-KALTSCHALE

Die Avocados halbieren, entsteinen und schälen (die Steine beiseitelegen). Die Gurke schälen und in kleine Stücke schneiden. Den Ingwer schälen und in kleine Stücke schneiden. Alle Zutaten in einer großen Schüssel glatt pürieren. Eiswürfel dazugeben und nach Geschmack salzen. Die Suppe bis zum Servieren kalt stellen; dabei die Avocado-steine hineinlegen, damit die Kaltschale nicht oxidiert und Farbe verliert.

ANRICHTEN

Zum Servieren die Kaltschale in Schalen verteilen und jeweils einen großen Klecks Sorbet in die Mitte setzen. Falls das Sorbet sehr hart ist, den Löffel kurz in heißes Wasser tauchen.

Diese Suppe habe ich zwar für die heißen Sommertage entwickelt – sie schmeckt aber auch sonst köstlich als Zwischengang. Von den verschiedenen Versionen dieses Rezepts, das ich immer wieder neu aufgegriffen und verändert habe, gefällt mir diese besonders, weil die Stücke im Sorbet der Weichheit der Avocado Paroli bieten und es ausgleichen.

Dhal-Suppe mit Chapati

DHAL-SUPPE:
100 g rote Linsen
100 g gelbe Linsen
1 EL Senfsamen
¼ TL Kurkuma
½ TL gemahlener
Kreuzkümmel
½ TL Koriandersamen
½ TL gemahlener
Kardamom
3 EL Sonnenblumenöl
1 Karotte
40 g Ingwer
1 Zucchini
Salz

DHAL-SUPPE

In einem Topf bei kleiner Hitze die Linsen und Gewürze im Öl anschwitzen. Die Karotte und den Ingwer schälen, in kleine Würfel
schneiden und mit anbraten. Die Zucchini klein schneiden und unterrühren. Die Hitze etwas erhöhen und salzen. Nach einiger Zeit werden
die Linsen glasig und schimmern fast, erst dann mit Wasser aufgießen,
aber nur so viel, dass die Linsen leicht bedeckt sind. Einmal aufkochen
lassen und die Hitze wieder reduzieren, sodass die Suppe nur sanft
köchelt. Wenn die Linsen zerfallen, ist die Suppe fertig. Je nachdem,
wie man das Gericht servieren will, ergänzt man es mit Wasser
zu einer Suppe oder reicht es trocken als Gemüsebeilage.

CHAPATI:
200 g Weizenmehl
Type 550
Salz
1 EL pflanzliche
Margarine

CHAPATI

Aus Mehl, 110 ml Wasser und Salz einen glatten Teig kneten und mit Frischhaltefolie abgedeckt 30 Minuten ruhen lassen. Den Teig in 8 gleich große Kugeln teilen und diese auf einer bemehlten Fläche zu sehr dünnen, runden Fladen ausrollen.

Eine gusseiserne oder beschichtete Pfanne erhitzen und einen Fladen in der Pfanne trocken anbacken. Nach ein paar Minuten wenden und erneut backen. Sobald das Chapati ein wenig aufgeht, etwas Margarine in die Pfanne geben und das Fladenbrot einmal darin wenden. Das Chapati aus der Pfanne nehmen und auf einem Teller, der mit Alufolie oder einem zweiten Teller abgedeckt ist, bis zum Servieren warm halten. Mit den restlichen Teigkugeln ebenso verfahren. Die Pfanne zwischendurch mit Küchenpapier auswischen, damit das Mehl und die Margarine nicht verbrennen.

Ein gutes Dhal ist schnell gemacht und unglaublich
lecker. Ein paar Dinge sind wichtig, damit es wirklich
lecker schmeckt. Die gelben und roten Linsen müssen
gut angebraten werden, und die Senfsamen dürfen nicht
fehlen; sonst braucht man zumindest Koriandersamen,
denn etwas in der Suppe muss einfach knacken beim
Beißen. In Indien soll es so viele Sorten Dhal geben wie
Inder; ganz besonders gutes Dhal habe ich im Norden
von Indien gefunden. Zusammen mit Chapati-Brot ist es
eine vollwertige Mahlzeit, die sanft und geschmeidig
den Tag verlängert oder abschließt. Dhal beruhigt und
wärmt, befriedigt und tanzt auf dem Gaumen.

Im Winter und in den kalten Monaten (besonders rund um die Festtage) ist diese Suppe ein Traum. Kräftig, pikant und feierlich. Wenn man sich beim Kochen Zeit lässt, schmeckt sie fast, als wäre sie mit Hühnerbrühe gemacht – so kräftig kann sie sein. Eine dicke, starke Suppe, die mit ihrem winterlichen Maronenaroma dem Gaumen noch lange schmeichelt. Mehr als lecker!

Maronen-Prosecco-Suppe mit Sesamstangen

SUPPE:
1 Karotte
½ Sellerieknolle
½ Fenchelknolle
300 g gekochte Maronen
150 ml Prosecco
(Champagner von Fleury ist vegan; viele Alkoholika sind mit Ei geklärt und daher nicht streng vegan)
Salz, Pfeffer aus der Mühle
1 Bund Estragon

2 EL Agavendicksaft
Saft von ½ Zitrone
4 Maronen

SESAMSTANGEN:
10 g Frischhefe
250 g Dinkelmehl Type 630
2 EL Olivenöl
Salz
1 EL weißer Sesam
1 EL schwarzer Sesam

SUPPE

In einem Topf 300 ml Wasser zum Kochen bringen. Karotte und Sellerie schälen, den Fenchel putzen und alles Gemüse klein schneiden. 4 Maronen für die Dekoration zurückbehalten, die restlichen Maronen und das Gemüse in das kochende Wasser geben und bei mittlerer Hitze 5 Minuten sanft köcheln lassen. Anschließend fein pürieren. Den Prosecco dazugeben und die Suppe zu einer schönen, weichen Konsistenz einkochen. Den Topf vom Herd nehmen und mit Salz und Pfeffer würzen. Den Estragon als Sträußchen zusammengebunden in die Suppe legen und 5 Minuten ziehen lassen. Vor dem Servieren den Estragon wieder entfernen.

Agavendicksaft und Zitronensaft in einem kleinen Topf zum Kochen bringen, die 4 beiseitegelegten Maronen hinzugeben und 1 Minute köcheln lassen, dann auf der ausgeschalteten Herdplatte warm halten.

SESAMSTANGEN

Die Hefe in 150 ml Wasser auflösen. Mehl, Öl und Salz dazugeben, zu einem glatten Teig kneten und in einem geschlossenen Gefäß 30 Minuten gehen lassen. Den Teig herausnehmen und auf einer leicht bemehlten Fläche noch einmal durchkneten. Den Teig in 4 Stücke teilen und diese zu 20–25 cm langen Stangen ausrollen, dabei darauf achten, dass die Teigoberfläche nicht reißt oder einreißt. Lieber die Stangen zwischendurch ruhen lassen, damit sich der Teig wieder entspannt.
Die Teigstangen auf ein mit Backpapier ausgelegtes Blech legen, mit etwas Wasser befeuchten und mit Sesam bestreuen. Mit einer großen Plastiktüte abgedeckt gehen lassen, bis sie merklich größer geworden sind. Im vorgeheizten Backofen bei 250 Grad 5 Minuten anbacken, dann die Hitze auf 200 Grad reduzieren und weitere 8–10 Minuten backen, bis die Brotstangen eine schöne Farbe bekommen haben.

ANRICHTEN

Eine große Kelle Suppe in eine Schale schöpfen und jeweils eine Marone, grob zerdrückt, auf die Suppenoberfläche legen. Mit frischem Brot oder Sesamstangen servieren.

Rote-Bete-Suppe mit tibetischen Momos

MOMOS:

75 g Weizenmehl Type 550
Salz
½ Karotte
⅛ kleiner Spitzkohl
10 g Ingwer
2 EL natives Sesamöl
½ Bund glatte Petersilie
½ TL gelbe Senfsaat
2 Msp. Kreuzkümmel
Salz

MOMOS

Für den Momo-Teig das Mehl mit 30 ml Wasser und Salz zu einem glatten Teig kneten und zum Ruhen beiseitestellen.

Für die Füllung die Karotte schälen und in feine Streifen schneiden, den Spitzkohl fein schneiden, den Ingwer schälen und fein hacken. Das Gemüse in einer Pfanne mit etwas Öl und den Gewürzen zugedeckt halb gar braten. Mit Salz abschmecken und ohne Deckel ausdampfen lassen.

Den Teig mit einem Nudelholz auf einer bemehlten Fläche dünn ausrollen. Mit einem Ravioliausstecher Kreise ausstechen und mit einem Teelöffel jeweils etwas Füllung in die Mitte geben. Die Teigkreise zu Halbmonden zusammenlegen und den Rand gut verschließen, damit die Teigtaschen beim Kochen nicht aufgehen.

Einen Topf mit gesalzenem Wasser zum Kochen bringen. Die Momos darin 1 Minute gar kochen, mit einer Schaumkelle herausnehmen und kalt abschrecken. Wenig Öl zu den Momos geben, damit sie nicht zusammenkleben.

Überall in der Berggegend des Himalaja leben tibetische Mönche, die geflohen sind und in Indien Unterschlupf gefunden haben. Sie haben ihre Küche mitgebracht, darunter Momos, die tibetischen Maultaschen, die den ganzen Landstrich prägen. Um das Burgunderrot der tibetischen Mönchsroben nachzuempfinden, habe ich dieses Rezept durch Rote Bete ergänzt, die zwar nicht klassisch ist, für mich aber eine wichtige Rolle spielt: Die Farbe erinnert mich an den Frieden, den die Mönche dort oben in den Bergen ausstrahlen, einen Frieden, den es in sich selbst zu finden gilt.

ROTE-BETE-SUPPE:

3 EL Kuzu (japanische Pfeilwurzelstärke)

3 getrocknete Shiitakepilze

1 Karotte

1 rote Karotte

¼ Fenchelknolle

¼ kleiner Chinakohl

½ Rote Bete

1 Msp. Ascorbinsäure (Zitronensäure)

4 EL weißes Shiro Miso

Salz

½ Bund frischer Koriander

ROTE-BETE-SUPPE

1 l kaltes Wasser in einen Topf geben, das Kuzu darin darin auflösen und zum Kochen bringen. Die Stiele der Shiitakepilze entfernen. Die Pilze mit den Fingern zerbrechen und in den Topf geben. Die Temperatur reduzieren, sodass die Suppe nur noch dampfend zieht und nicht mehr kocht.

Die Karotten schälen und schräg in dünne Scheiben schneiden. Den Fenchel längs halbieren und das harte Herzstück herausbrechen (anderweitig, z. B. für einen Salat verwenden). Die Fenchelknolle quer in dünne Halbmonde schneiden. Zusammen mit den Karotten und dem in feine Streifen geschnitten Chinakohl in die Suppe geben und 5 Minuten ziehen lassen, dann die Hitze ganz abschalten. Die Rote Bete fein reiben und den Saft durch ein Sieb in die Suppe pressen. Ascorbinsäure dazugeben, um die Farbe zu erhalten. Das Miso mit etwas kaltem Wasser anrühren und in die Suppe geben, mit Salz abschmecken.

ANRICHTEN

Die gekochten Momos in Suppenschalen legen, mit Suppe auffüllen und mit grob gezupftem Koriander dekorieren.

Scharfe Zitronengrassuppe

1 Karotte
1 Selleriestange
½ Pastinake
3 Stangen Zitronengras
40 g Ingwer
40 g frische Kurkuma,
ersatzweise ½ TL
getrocknete Kurkuma
8 Kaffirlimettenblätter
Saft von 2 Orangen
Saft von 1 Zitrone
Salz
½ rote Chilischote

In einem Topf 800 ml Wasser zum Kochen bringen. Das Gemüse putzen bzw. schälen und in dünne Stifte oder Streifen schneiden. Im kochenden Wasser 1 Minute blanchieren, mit einem Sieblöffel herausnehmen und mit kaltem Wasser abschrecken.

Die Suppe soll nun nicht mehr kochen, sondern nur noch ziehen. Das Zitronengras mit dem Messerrücken weich klopfen. Ingwer und Kurkuma schälen und fein hacken. Zitronengras, Ingwer, Kurkuma und die Kaffirlimettenblätter in die Suppe geben. Zitronen- und Orangensaft beifügen. Mit Salz abschmecken und anschließend die Gewürze mit einer Schaumkelle wieder entfernen.

Die Chilischote in sehr dünne Scheiben schneiden und mit dem blanchierten Gemüse in die Suppe geben. Herzhaft abschmecken und sehr heiß in Schalen servieren.

In dieser kokosmilchfreien Variante der bekannten thailändischen Zitronengrassuppe kommt der Geschmack der Zitronenblätter viel besser zur Geltung. Die Suppe ist leicht, schnell zubereitet und erinnert mich an ähnliche Suppen aus Laos, wo einst Franzosen lebten und den Asiaten Baguettebacken und Bierbrauen beigebracht haben. Der Geschmack der Suppe ist genial! Ein willkommener Auftakt zu einem Menü: Sie regt den Magen an und macht Lust auf mehr.

Yomogi-Soba-Nudelsuppe mit Lotuswurzeln und Shiitakepilzen

NUDELN:
125 g Yomogi-Soba-
Nudeln (Buchweizen-
nudeln mit Beifuß)

BRÜHE:
1 EL getrocknete
Adzukibohnen
2 getrocknete Shiitakepilze
30 g Ingwer
5 EL Shoyu (Sojasauce)
Salz
8 Scheiben getrocknete
Lotuswurzel

GEMÜSEEINLAGE:
1 Karotte
½ kleiner Daikon-Rettich
1 kleine Zucchini
5 g getrocknete
Hijiki-Algen

NUDELN

Die Nudeln in kochendem Wasser bei geringer Hitze garen. Sie kochen sehr leicht über, deshalb empfiehlt es sich, ein Glas kaltes Wasser bereitzuhalten: Immer wenn die Nudeln anfangen überzukochen, einen Schuss kaltes Wasser in den Topf geben, das entspannt die Situation sofort. Wenn die Nudeln gar sind, abgießen und bis zur Verwendung in kaltes Wasser geben (Buchweizennudeln kleben sehr schnell zusammen; das Wasser verhindert dies).

BRÜHE

Die Adzukibohnen in einem Topf bei geringer Hitze 5 Minuten anrösten. Mit 1 l Wasser aufgießen.
Die Stiele der Pilze entfernen, die Pilze mit den Fingern zerbrechen und in die Brühe geben. Den Ingwer mit einer Küchenraspel fein reiben, mit den Händen den Saft auspressen und in die Suppe geben. Mit Shoyu und Salz abschmecken und ½ Stunde bei kleinster Hitze gut dampfend ziehen lassen.
Die Lotuswurzeln in kaltem Wasser einweichen.

GEMÜSEEINLAGE

Für die Gemüseeinlage Karotte und Rettich schälen, Karotte, Rettich und Zucchini in dünne Streifen schneiden.
Die Algen in einer Schüssel mit kaltem Wasser einlegen.

Kurz vor dem Servieren zuerst die Lotuswurzeln in die Brühe geben und 5 Minuten miterhitzen. Dann das Gemüse dazugeben, die Hitze auf die kleinste Stufe reduzieren und das Gemüse 3 Minuten zugedeckt ziehen lassen.

ANRICHTEN

Die Soba-Nudeln in eine Suppenschüssel geben, das Gemüse darauf anrichten, mit heißer Brühe übergießen und mit den abgetropften Algen abschließen.

Mit dieser Suppe zum Dinner Date serviert, begann die Liebe zu meiner Freundin, der Frau, mit der ich glücklicher bin, als ich es jemals zuvor war. Die Suppe mutet zwar etwas makrobiotisch an, was nicht besonders sexy ist und normalerweise keine romantischen Gefühle aufkommen lässt. Dennoch ist es meine Lieblingssuppe – sie verleiht ein wunderbar leichtes Bauchgefühl. Sie bringt mich immer wieder zum Schweigen, lässt Ruhe einkehren und erinnert mich an die Freiheit, die nur durch Einhalten von Struktur erlebt werden kann. Liebe zur Einfachheit.

Kokos-Spargel mit Avocado und Kirschtomaten-Basilikum-Salat

SPARGEL UND AVOCADO:
400 g grüner Spargel
Salz
1 Msp. Natron
Saft von ½ Orange
1 EL Olivenöl
Kokosflocken
zum Garnieren

2 kleine Avocados
3 EL Olivenöl
Saft von ½ Orange
Saft von ½ Zitrone
Salz

KIRSCHTOMATEN-
BASILIKUM-SALAT:
250 g bunte Kirschtoma-
ten, gelb, orange, rot
1 Zweig rotes Basilikum
1 Zweig grünes Basilikum
2 EL Olivenöl
Salz

BALSAMICOREDUKTION:
50 ml dunkler
Balsamicoessig
4 EL Rohrohrzucker
2 Zweige Rosmarin
Salz

SPARGEL UND AVOCADO

Den Spargel großzügig unten frisch anschneiden und das untere Drittel schälen. In ausreichend gesalzenem Wasser mit einer Messerspitze Natron 4–5 Minuten bissfest kochen und in kaltem Wasser abschrecken.

Den abgetropften Spargel in einer Marinade aus Orangensaft und Olivenöl wenden und noch feucht in Kokosflocken wälzen.

Die Avocados halbieren und den Stein entfernen. Mit einem Löffel das Fleisch aus der Schale heben, Olivenöl, Zitrussaft und Salz hinzugeben und das Avocadofleisch mit den Händen zu einer groben Creme zerdrücken.

KIRSCHTOMATEN-BASILIKUM-SALAT

Die Tomaten halbieren. Mit den abgezupften Basilikumblättern, Olivenöl und Salz vermengen.

BALSAMICOREDUKTION

Den Balsamicoessig in einem kleinen Topf zum Kochen bringen und den Zucker dazugeben. Nach einigen Minuten verändert sich die Qualität der entstehenden Bläschen. Wenn sie karamellig werden, ist die Reduktion fertig. Als Test ein paar Tropfen der Reduktion auf eine kalte Oberfläche geben: wirkt die Reduktion schön klebrig, aber nicht zu fest, ist sie fertig. Wenn sie zu flüssig ist, noch kurz weiter kochen lassen. Vom Herd nehmen, die Rosmarinzweige hineingeben und salzen.

ANRICHTEN

Die Avocadocreme in einen Servierring füllen und mit einem Löffel eine Mulde hineindrücken. In diese den Tomatensalat geben. Den Ring vorsichtig nach oben abziehen und den Spargel dazulegen. Mit Balsamicoreduktion dekorieren und servieren.

In Hawaii habe ich einige Monate in einem Baumhaus gewohnt, mit einem wahnsinnig schönen Riff vor der Tür mit Schildkröten und Tausenden von bunten Fischen. Direkt um das Baumhaus wuchsen neun verschiedene Avocadosorten, von denen fast jeden Tag ein paar reif waren; es waren so viele, dass der Besitzer froh war, wenn man sie aß. Das Schöne an diesem Gericht sind die Farben, die verschiedenen Aromen und die schnelle Art, eine vielfältige, hübsche Vorspeise anrichten zu können. Es braucht nicht viel, um sich selbst zu verwöhnen.

Belugalinsenturm mit Zucchinicreme und Champignonsalat

BELUGALINSEN:
160 g Belugalinsen
Salz
2 EL Sesamöl

ZUCCHINICREME:
2–3 kleine Zucchini
1 EL Olivenöl
Salz von ½ Zitrone
Salz, weißer Pfeffer aus der Mühle
1 Zweig Thymian
2 EL Hefeflocken
(von Naturata)

BELUGALINSEN

Die Belugalinsen mit ½ l Wasser zum Kochen bringen und bei schwacher Hitze etwa 10 Minuten gar kochen; die Linsen sollen nicht aufplatzen. Falls es doch geschieht, die Linsen sofort mit kaltem Wasser abschrecken. Nach dem Kochen die Linsen in kaltem Wasser auskühlen lassen. Abtropfen, salzen und mit ein wenig Öl vermengen, damit der schwarze Glanz erhalten bleibt.

ZUCCHINICREME

Die Zucchini in feine Streifen schneiden. In einer Pfanne mit dem Öl bei mittlerer Hitze anschmoren und mit Zitronensaft, Salz und Pfeffer würzen. Die Hitze in der Pfanne soll nur gerade so hoch sein, dass die Zucchini garen, aber auf keinen Fall Farbe bekommen. Nach kurzer Zeit den Thymianzweig dazugeben, die Pfanne vom Herd nehmen und zugedeckt 3–5 Minuten ziehen lassen. Den Thymian entfernen und die Zucchini in einem hohen Gefäß mit den Hefeflocken grob pürieren. Ist die Creme zu nass, in einem Sieb abtropfen lassen.

ROTE-BETE-SAUCE:
1 kleine Rote Bete
Saft von ½ Orange
½ TL Johannisbrotkern-
mehl (von Rapunzel)
Salz
1 Rosmarinzweig

CHAMPIGNONSALAT:
350 g Champignons
Saft von 1 Zitrone
1 Bund frischer Koriander
4 EL Olivenöl
Salz, schwarzer Pfeffer
aus der Mühle

FENCHELSCHEIBEN:
½ Fenchelknolle
1 EL Olivenöl
Saft von ½ Zitrone
Salz

ROTE-BETE-SAUCE

Die Rote Bete schälen, fein raspeln und den Saft herauspressen. In einer kleinen Schüssel zusammen mit Orangensaft, Johannisbrotkernmehl und Salz zu einem glatten Dressing schlagen. Den Rosmarinzweig kurz zwischen den Händen reiben, zum Dressing geben und bis zum Servieren darin ziehen lassen. Nach 30 Minuten dickt die Sauce nach und hat dann ihre endgültige Konsistenz. Ist sie noch zu dünn, zusätzlich etwas Johannisbrotkernmehl einrühren. Sollte die Konsistenz zu dick sein, mit wenig Orangensaft verdünnen.

CHAMPIGNONSALAT

Die Champignongs putzen, in hauchdünne Scheiben schneiden und mit dem Zitronensaft vermengen. Den Koriander zusammenrollen, in feine Streifen schneiden und zu den Pilzen geben. Mit Olivenöl, Salz und Pfeffer abschmecken und vor dem Servieren einige Minuten ziehen lassen.

FENCHELSCHEIBEN

Wichtig ist hier, eine besonders frische und feste Fenchelknolle zu verwenden, da intakte Scheiben vom Strunk bis zu den Stangenenden benötigt werden. Die Fenchelknolle längs halbieren und der Schnittfläche entlang 4 sehr dünne Scheiben abschneiden. Den Rest für ein anderes Gericht verwenden, zum Beispiel als Suppeneinlage oder als Saucenbasis.

Die Scheiben in einer Pfanne mit wenig Öl bei mittlerer Hitze anbraten, mit Zitronensaft und Salz würzen und mit geschlossenem Deckel 1–2 Minuten schmoren. Dann den Fenchel herausnehmen.

ANRICHTEN

Die Fenchelscheiben auf große, flache Teller platzieren. Einen Servierring daraufsetzen, ein Viertel der Zucchinicreme hineingeben und
mit einem Löffel in die Mitte eine kleine Mulde drücken. In die Mulde
ein Viertel der Belugalinsen füllen und darauf den Champignonsalat
anrichten. Den Servierring vorsichtig nach oben abziehen. Den Rosmarinzweig aus der Rote-Bete-Sauce entfernen und einen Streifen Sauce
auf die Teller ziehen.

Belugalinsen gehören zu den schönsten Zutaten der
vegetarischen Küche – allein schon dadurch, dass sie
fast schwarz sind und diese Farbe bei Speisen eher selten
ist. Als Vorspeise, zusammen mit einer Creme, sorgen
sie immer für Aufsehen. Die Creme kann man je nach
Jahreszeit variieren: wärmere Geschmacksnoten im
Herbst und Winter, zum Beispiel mit Butternut-Kürbis,
oder wie hier im Frühling und Sommer mit dem Grün
der Zucchini.

Gefüllte Portobellopilze

4 Portobellopilze
oder 8 Riesenchampignons
300 g Tofu
1 Bund glatte Petersilie
1 Zweig Rosmarin
50 g Hefeflocken
(von Naturata)
2 EL Olivenöl
Salz, schwarzer Pfeffer aus
der Mühle

Die Pilze putzen, die Stiele herausbrechen und die Pilzhüte mit der offenen Seite nach oben auf einem Backblech platzieren.

Für die Füllung die Pilzstiele klein schneiden, den Tofu abtropfen lassen und klein zerbröseln. Die Petersilie in feine Streifen schneiden, die Rosmarinnadeln abzupfen und zu den Pilzen und dem Tofu geben. Mit Hefeflocken, Olivenöl, Pfeffer und Salz würzen. Die Füllung in die Pilzhüte geben und leicht andrücken. Im Backofen bei 230 Grad je nach Größe 10–15 Minuten goldbraun backen und sofort heiß servieren.

In Vorspeisen ist der Portobellopilz, ein brauner Riesen-champignon, immer eine Augenweide! Ein Salatbett darunter ist toll, etwas Rucola oder einfach ein paar Kräuter darüberstreuen. Ich habe diese Pilze zum ersten Mal in amerikanischen Restaurants gesehen und war begeistert von der Größe und dem Geschmack: Sie sind saftig und sehr aromatisch. Die bei uns erhältlichen Riesenchampignons sind oft eher wässrig und schrump-fen stark beim Backen.

Gefüllte Ochsenherztomaten

4 große Ochsenherztomaten
8 EL Olivenöl
Salz
80 g trockenes Weißbrot
1 kleine Zucchini
8 Champignons
¼ Bund Thymian
1 Zweig Salbei
1 Bund glatte Petersilie

Von den Tomaten das obere Viertel quer zum Stielansatz abschneiden. Mit einem spitzen Löffel das Fruchtfleisch herauslösen, ohne dabei die Schale zu verletzen. Die Tomaten mit der offenen Seite nach oben in eine feuerfeste Form setzen. Das Fruchtfleisch mit Öl und Salz fein pürieren und das Brot darin einweichen.

Die Zucchini in Streifen schneiden; die Pilze putzen und in Scheiben schneiden. Beides in Öl anbraten. Wenn sie fast gar sind, zum eingeweichten Brot geben. Die Kräuter fein schneiden und zur Brotfüllung geben, mit Salz abschmecken. Die Tomaten damit füllen und mit ein wenig Olivenöl bestreichen. Im Backofen bei 220 Grad 8–12 Minuten backen und heiß servieren.

Eine schnelle, leichte Vorspeise. Mit den neuen Gemüsesorten, die in den letzten Jahren auf den Markt gekommen sind, gibt es immer wieder überraschende Kombinationen. Ich freue mich, dass die Biobauern altem Saatgut wieder zum Durchbruch verholfen haben. Damit kommen neue Geschmäcker, Farben und Formen auf die Teller.
Die hier verwendete Füllung eignet sich auch für viele andere Gemüsesorten. Versucht es mal mit kleinen Kürbissen, zum Beispiel Rondini, und Auberginen – alles, was groß genug ist, um gefüllt zu werden.

Hummus mit Pitabrot

HUMMUS:
300 g getrocknete Kicher-
erbsen
Saft von 1 Zitrone
4 EL Olivenöl
½ TL gemahlener Kreuz-
kümmel
Salz
4 EL weißes Tahin

PITABROT:
500 g Weizenmehl
Type 550
10 g Frischhefe
1 TL Rohrohrzucker
Salz
4 EL Olivenöl
40 g Buchweizenmehl

HUMMUS

Die Kichererbsen über Nacht in kaltem Wasser einweichen. Am nächsten Tag die Kichererbsen abgießen und gut 1 Stunde in frischem Wasser kochen, bis sie durch und durch weich gekocht sind. Die Kichererbsen abgießen und noch warm, aber nicht heiß, durch die feinste Scheibe des Fleischwolfs drehen oder mit dem Pürierstab pürieren – je feiner, desto besser wird der Hummus.
Den Kichererbsenbrei mit 100 ml Wasser verdünnen. Mit Zitronen-saft, Olivenöl, Kreuzkümmel und Salz würzen und gut durchrühren. Das Tahin erst zum Schluss beimengen, da es bindet und das glatte Verrühren erschwert.

PITABROT

Das Weizenmehl mit Hefe, Zucker, Salz und 320 ml Wasser zu einem feuchten Teig anrühren und aufschlagen, bis er Blasen wirft. Dann 1 Esslöffel Olivenöl leicht einarbeiten und den Teig in einem geschlosse-nen Gefäß 10 Minuten ruhen lassen. Danach wieder 1 Esslöffel Öl in den Teig einarbeiten und ruhen lassen. Mit dem letzten Esslöffel Öl wiederholen, dann den Teig jedoch 30 Minuten in dem geschlossenen Gefäß ruhen lassen.

Den Backofen auf 250 Grad vorheizen. Ein Backblech mit Backpapier auslegen.

Den Teig auf eine mit Buchweizenmehl bestreute Arbeitsfläche stürzen und in 6 gleich große Stücke teilen. Jede Teigportion mit bemehlten Fingern zu einer Kugel rollen, mit Buchweizenmehl bestreuen und 10 Minuten abgedeckt gehen gelassen. Mit einem Nudelholz die Kugeln zu flachen Fladen ausrollen und auf dem Backblech auslegen. Die Fladen nochmals abgedeckt 5 Minuten gehen lassen. Dann im vorge-heizten Ofen bei voller Hitze etwa 10–12 Minuten backen. Wenn sie schön gebräunt sind, herausnehmen und in ein sauberes Küchentuch legen, dadurch bleiben die Fladen warm und weich.

ANRICHTEN

Den Hummus in eine Portionsschüssel geben, mit wenig Olivenöl be-träufeln und mit Kreuzkümmel garnieren. Dazu das Pitabrot reichen.

Das Geheimnis eines guten Hummus liegt meines Erachtens in der Feinheit der Paste. Am besten wird er durch die feine Scheibe des Fleischwolfs gedreht. Mit dem Pürierstab geht es natürlich auch, aber so fein wie mit einem Fleisch-wolf wird er nie. Im Übrigen bietet die Zubereitung viel Spielraum: Welche Gewürze man nimmt oder ob man ihm mit ein wenig Rote-Bete-Saft Farbe ver-leiht – da gibt es je nach Geschmack viele Möglichkeiten.

Pfirsich-Radicchio-Spiess

3 reife, gelbe Pfirsiche
1 kleiner Radicchio
4 lange Zweige Rosmarin
2 EL weißer
Balsamicoessig
2 EL Rohrrohrzucker
2 EL Olivenöl
Salz

Die Pfirsiche vierteln und entsteinen. Die äußeren Blätter des Radicchio entfernen, den Kopf achteln und darauf achten, dass die Blätter immer ein bisschen vom Wurzelstück behalten, damit die Salatstücke zusammenhalten. Mit einem Zahnstocher kleine Löcher in die Pfirsich- und Radicchiostücke vorstechen, damit die Rosmarinzweige besser durchgehen. Die Nadeln der Rosmarinzweige bis auf die Spitze abzupfen und die Pfirsich- und Radicchiostücke abwechselnd daraufziehen, jeweils mit Pfirsich beginnen und enden.

Den Balsamicoessig mit dem Zucker und den Rosmarinnadeln aufkochen, etwas reduzieren. Vom Herd nehmen und die Reduktion mit einem Pinsel auf die Pfirsiche streichen. Abschließend einen Schuss Olivenöl über die Spieße gießen.

Die Spieße im vorgeheizten Backofen bei 230 Grad 4 Minuten backen, sofort herausnehmen, leicht salzen und heiß servieren.

Vier Minuten Garzeit! Mit etwas Übung nur 5 Minuten für die Vorbereitung! Und solche Farben! Fantastisch – etwas Brot dazu und das »Dinner for two« ist geritzt ... Die Balsamicoreduktion ist kein Muss, aber sie macht den feinen Unterschied.

Tultres

TEIG:
300 g Weizenmehl
Type 550
Salz
Sonnenblumenöl zum
Frittieren

SAUERKRAUTFÜLLUNG:
100 g Räuchertofu
1 EL pflanzliche
Margarine
Salz
400 g Sauerkraut

TEIG

Das Mehl mit 130 ml Wasser und etwas Salz zu einem Teig kneten. ½ Stunde mit Frischhaltefolie abgedeckt ruhen lassen. Während der Teig geht, die Füllungen vorbereiten.

SAUERKRAUTFÜLLUNG

Den Räuchertofu in sehr kleine Würfel schneiden und in einer beschichteten Pfanne mit Margarine und ein wenig Salz knusprig braten. Den noch heißen Tofu mit dem Sauerkraut mischen und mit Salz abschmecken.

TOFU-SPINAT-FÜLLUNG:

300 g Spinat
Muskatnuss
2 EL Olivenöl
Salz
150 g Tofu

TOFU-SPINAT-FÜLLUNG

In einem kleinen Topf Salzwasser zum Kochen bringen. Den rosa Wurzelansatz mit einem Messer vom Spinat abschneiden, die Blätter waschen und abtropfen lassen. Im kochenden Wasser 1 Minute blanchieren, abgießen und in kaltem Wasser abschrecken. Den Spinat gut ausdrücken, mit einem Messer grob schneiden und erneut ausdrücken. Mit geriebener Muskatnuss, Olivenöl und Salz würzen. Den Tofu mit den Händen klein zerbröseln und einarbeiten.

FERTIGSTELLUNG

Den Nudelteig in 3–4 Portionen teilen, die Teigstücke nacheinander durch die Nudelmaschine drehen, wieder zusammenfalten und erneut durch die Maschine drehen. Nach einigen Durchgängen die Nudelmaschine dünner einstellen; auf Stufe 2 hat der Teig die richtige Stärke. Den Teig auf einer leicht bemehlten Arbeitsfläche auslegen.
Einen Ausstecher von 16 cm Durchmesser bereitlegen. Die Hälfte der Nudelteigbahn so mit den Füllungen belegen, dass dazwischen jeweils genug Platz zum Ausstechen bleibt. Die unbelegte Teighälfte über die Füllung legen und mit den Händen rund um die Füllung andrücken. Mit dem Ausstecher die Nudelteigtaschen ausstechen. Überstehenden Teig erneut zusammenkneten. Die Nudelteigtaschen mit den Fingern am Rand fest zusammendrücken und auf einer bemehlten Fläche mit einem Küchentuch bedeckt ruhen lassen, bis sie frittiert wird. Mit dem restlichen Teig und den Füllungen so weiterfahren, bis alles aufgebraucht ist.

In einem Topf reichlich Öl erhitzen und die Teigtaschen darin beidseitig goldgelb ausbacken. Die fertigen Tultres auf Küchenpapier abtropfen lassen und heiß servieren.

Tultres ist die Lieblingsspeise meiner Kindheit. Meine Großmutter machte sie immer wieder für mich, obwohl in Südtirol Tultres eigentlich nur zu bestimmten Feiertagen gemacht werden. Oma machte immer zwei Füllungen: Spinat-Ricotta und Sauerkraut-Speck. Sie war eine fantastische Köchin, die uns Kindern immer das kochte, was wir uns wünschten. Ihre Offenheit für die vegetarische Kost war allerdings gering, sie nannte Tofu Plastikfleisch. Sie machte Witze über meine Ernährungsweise, aber unterstützte mich, meine Ideen zu verfolgen und hat nicht versucht, etwas anderes aus mir zu machen.

Sandwiches

Hauptspeisen

Dinkel-Sandwich mit Kräuterpaste, Räuchertofu, Paprika und Rucola

DINKELBRÖTCHEN:
¼ Würfel Frischhefe (10 g)
50 ml Olivenöl
500 g Dinkelmehl
Type 1050
Salz
Mehl zum Bestäuben
50 g Blaumohn oder
80 g Sonnenblumenkerne

KRÄUTERPASTE:
80 g pflanzliche Margarine
2 Zweige Rosmarin
1 Zweig Thymian
1 Zweig Estragon
½ Bund glatte Petersilie
½ Bund Basilikum
Saft von ½ Zitrone
1 EL grober Senf
Salz
40 g Hefeflocken
(von Naturata)

BELAG:
2 gelbe Paprikaschoten
1 rote Paprikaschote
3 EL Olivenöl
Salz
200 g Räuchertofu
1 Bund Rucola

DINKELBRÖTCHEN

Die Hefe in 300 ml lauwarmem Wasser auflösen, das Öl dazugeben, dann das Mehl und Salz. Alles kneten, bis ein glatter Teig entstanden ist, der nicht mehr an den Händen klebt. In einem großen Gefäß mit Deckel oder mit Frischhaltefolie abgedeckt 1 Stunde ruhen lassen. Vom Teig 6 gleich große Stücke abstechen und mit bemehlten Händen zu glatten Kugeln drehen, bis die Oberfläche leicht zu kleben beginnt. In Mohn oder Sonnenblumenkernen wälzen.
Die Teiglinge auf ein mit Backpapier belegtes Blech legen und vorsichtig flach drücken. Abgedeckt 15–20 Minuten gehen lassen. Den Backofen auf 250 Grad vorheizen und eine mit Wasser gefüllte Metallschüssel hineinstellen. Die Brötchen 5 Minuten anbacken und anschließend bei 200 Grad weitere 8–10 Minuten fertig backen. Vor dem Verzehr etwas auskühlen lassen.

KRÄUTERPASTE

Die Margarine in einem kleinen Topf bei geringer Hitze schmelzen. Von den Kräutern die Stängel entfernen; Petersilie und Basilikum grob schneiden. Die Kräuter in einem hohen Gefäß zusammen mit Zitronensaft, Senf und der geschmolzenen Margarine fein pürieren und mit Salz abschmecken. Die Hefeflocken unterrühren und vor dem Servieren mindestens 2 Stunden kalt stellen, damit sie gut anzieht und streichfest wird.

BELAG

Die Paprikaschoten mit Öl einreiben und im Backofen auf höchster Stufe etwa 12 Minuten backen, bis die Haut dunkel wird. Die heißen Paprikaschoten in ein Gefäß mit Deckel legen und 10 Minuten dämpfen lassen. Dann die Paprikaschoten enthäuten, halbieren und entkernen. Die Hälften salzen und leicht einölen.
Den Räuchertofu in sehr dünne Scheiben schneiden.
Die Stiele des Rucola abschneiden, die Blätter waschen und trocken schleudern.

ANRICHTEN

Die noch leicht warmen Brötchen waagerecht zu Dreiviertel aufschneiden. Mit Kräuterpaste bestreichen und mit Räuchertofu belegen. Dann Paprikaschoten und Rucola daraufgeben.

Für Bio-Veganer gibt es für unterwegs nicht viel, das den Bauch wirklich befriedigt. Doch dieses Sandwich trifft voll ins Schwarze. Ein geniales Picknick! Die Brötchen sind super, locker, leicht und aus Dinkel – eine Kombination, die in Bäckereien selten zu finden ist, wo Dinkelbackwaren oft eher schwer, ein bisschen trocken oder klebrig sind. Es lohnt sich, gleich etwas mehr Brotteig zu machen und die Hälfte davon bis zum nächsten Tag im Kühlschrank zu lagern.

Blumenkohl-Tikka-Naan-Sandwich

NAAN-BROT:
200 g Sojajoghurt natur
10 g Frischhefe
Salz
350 g Weizenmehl Type 550
Mehl zum Bestäuben

NAAN-BROT

Sojajoghurt, 50 ml Wasser, Hefe und Salz vermengen und langsam das Mehl einarbeiten (der Teig geht schneller auf, wenn die Zutaten Zimmertemperatur haben). Mit einem Holzlöffel schlagen, bis der Teig Blasen wirft. Anschließend mit Frischhaltefolie abgedeckt an einem warmen Ort aufgehen lassen.

Den Backofen mit dem Blech auf höchste Stufe vorheizen.

Mit einem Teigschaber vom Teig 4 gleich große Teile abstechen und mit etwas Mehl zu glatten Kugeln drehen. Die Teiglinge auf der bemehlten Arbeitsfläche mit einem Nudelholz zu langen dünnen Fladen rollen und auf ein Stück Backpapier legen. Noch einmal 5 Minuten gehen lassen. Das Backpapier mit den Teigfladen auf das heiße Backblech ziehen und im Ofen 10–13 Minuten backen, bis die Fladen eine schöne, goldbraune und stellenweise dunkle Farbe bekommen haben. Ein paar Minuten ausdampfen lassen.

Gobi Tikka Masala:
1 kleiner Blumenkohl
1 EL Rosenpaprika
½ TL Kurkuma
1 TL gemahlener
Kreuzkümmel
¼ TL gemahlener
Kardamom
1–2 Msp. Chilipulver
2 EL Sonnenblumenöl
1 EL Tomatenmark
1 EL Sambal Oelek
25 g Ingwer
Salz

Grünkohlgemüse:
200 g Grünkohl
Salz
1 Msp. Natron
30 g Ingwer
2 gehäufte EL gehackte
Walnüsse oder
Walnuss-Bruch
2 EL Weinbeeren
oder Korinthen
6 EL Olivenöl

Currysahne:
20 g frische Kurkuma-
wurzel, ersatzweise
¼ TL getrocknete Kurkuma
100 ml Sojasahne
(von Natumi)
20 g Ingwer
Salz

Gobi Tikka Masala

Den Blumenkohl in große Röschen teilen und diese halbieren.
Die restlichen Zutaten in einer kleinen Schüssel mischen und zu einer glatten Paste pürieren. Die Blumenkohlröschen 20 Minuten in der Paste marinieren.
Den Backofen auf höchste Stufe (wenn möglich Grillfunktion) vorheizen. Ein Backblech mit Backpapier auslegen. Den Blumenkohl auf das Backblech legen und 8–12 Minuten dunkel backen.

Grünkohlgemüse

Vom Grünkohl die Blätter ablösen und in reichlich gesalzenem, kochendem Wasser mit Natron 1–2 Minuten garen. Die Grünkohlblätter abschöpfen und in Eiswasser abschrecken.
Den Ingwer fein reiben und den Saft auspressen. Walnüsse, Weinbeeren, Olivenöl, Ingwersaft und Salz verrühren. Den Grünkohl gut abgetropft darin marinieren.

Currysahne

Die Kurkumawurzel schälen und grob schneiden. Alle Zutaten zusammen in einem hohen Gefäß fein pürieren und mit Salz abschmecken.

Anrichten

Die Brote der Länge nach bis zur Hälfte aufschneiden, mit mariniertem Grünkohl füllen, den Blumenkohl darauflegen, mit der Sauce garnieren und lauwarm essen. Im Sommer können die fertig vorbereiteten Sandwiches auch gut noch einmal auf den Grill gelegt werden.

Das Sandwich ist inspiriert durch meine Indien-Reisen, auf denen ich Nord, Süd, Ost und West mit Zug, Bus und Motorrad bereist habe. Den Blumenkohl als Tikka, sprich aus dem Tandoori-Tonofen, habe ich in Indien zwar nur einmal gegessen, er ist mir aber stark in Erinnerung geblieben. Ich musste etwas tüfteln, wie ich eine schöne rote Tikka-Paste auf den Blumenkohl bekomme. Eine weitere Herausforderung war, ohne einen Tonofen (Tandoori) ein gutes Naan-Brot zu backen.

Roast-Beet-Focaccia

ROAST BEET:
3 Rote Beten
3 Zweige Oregano
3 EL Olivenöl
Salz, Pfeffer aus der Mühle

ROAST BEET
Die Roten Beten waschen, in eine kleine Backform legen und gut mit Alufolie abdecken. Im Backofen bei 140 Grad 3 Stunden garen. Die Folie entfernen und die Rote Bete einige Minuten ausdampfen lassen. Dann die Schale mit den Händen oder mit einem kleinen Messer abziehen. Nach dem Auskühlen die Roten Beten am besten mit einer Aufschnittmaschine oder mit einem Küchenhobel in hauchdünne Scheiben schneiden und auf einem Teller dekorativ auslegen. Die Oreganoblättchen abzupfen. Zusammen mit Olivenöl, Salz und Pfeffer zur Roten Bete geben.

FOCACCIA:

10 g Frischhefe
200 ml Sojamilch natur
(von Natumi)
80 ml Olivenöl
1 TL Rosmarin
1 TL Oregano
Salz
400 g Weizenmehl
Type 550
2 Zweige Rosmarin
Olivenöl zum Ausrollen
und Bestreichen

FOCACCIA

Die Hefe in 200 ml Wasser, Sojamilch und Olivenöl auflösen und die Gewürze untermengen. Das Mehl sieben und von Hand unter die Flüssigkeit mischen, bis ein weicher und geschmeidiger Teig entsteht. An einem warmen Ort abgedeckt 1 Stunde ruhen lassen. Dann noch einmal aufschlagen, auf ein mit Backpapier belegtes Blech geben und mit eingeölten Fingern gleichmäßig verteilen. Mit den Fingern tiefe Löcher in den Teig drücken und, in eine große Plastiktüte verpackt, erneut ½ Stunde gehen lassen (die Tüte darf die Teigoberfläche nicht berühren).

Die Rosmarinnadeln von den Zweigen zupfen. Direkt vor dem Backen den Teig mit reichlich Olivenöl bestreichen und mit den Rosmarinnadeln bestreuen. Im vorgeheizten Backofen bei 220 Grad 25 Minuten backen, bis die Focaccia eine schöne goldene Farbe bekommen hat.

Roastbeef mit Salsa verde ist ein Klassiker. Das müsste doch auch vegetarisch gehen, dachte ich mir eines Tages beim Anblick von Roter Bete. Ich habe probiert, die Rote Bete bei niedriger Temperatur zu backen, genauso wie das Fleisch. Es hat lange gedauert, bis das Gemüse gar war. Doch als es dann soweit war und ich die Rote Bete aufgeschnitten habe, war ich so begeistert von Farbe und Konsistenz, dass ich gleich Brot gebacken und eine Paste aus grünem Pfeffer dazu gemacht habe. So toll war das Ergebnis! Normalerweise verliert Rote Bete beim Garen ihr schönes Rot, doch hier kommt die Farbe wunderbar zur Geltung.

GRÜNER-PFEFFER-PASTE:
80 g Sonnenblumenkerne
1 EL Hefeflocken
(von Naturata)
3 EL grüne Pfefferkörner
Salz

Baby-Romanasalat zum
Belegen

GRÜNER-PFEFFER-PASTE

Die Sonnenblumenkerne in kochendem Wasser ½ Stunde einweichen. Abgießen und mit einem Pürierstab fein pürieren. Eventuell einen Schuss Wasser dazugeben, falls die Paste zu fest ist. Mit Hefeflocken und leicht zerstoßenen grünen Pfefferkörnern anrühren und mit Salz abschmecken.

ANRICHTEN

Die leicht ausgekühlte Focaccia in die gewünschte Sandwichgröße schneiden und waagerecht halbieren. Mit Grüner-Pfeffer-Paste bestreichen und mit Salatblättern belegen. Die Roast-Beet-Scheiben darauf platzieren. Die Focaccia für unterwegs mit der zweiten Brothälfte verschließen, für Gäste jedoch das Sandwich auf alle Fälle offen lassen.

Veggy Island Sandwich

BAGUETTEBRÖTCHEN:
5 g Frischhefe
300 g Weizenmehl
Type 1050
Salz

BAGUETTEBRÖTCHEN

Die Hefe in 175 ml Wasser auflösen und das Mehl dazugeben. Den Teig gute 10 Minuten mit den Händen kneten, damit er schön elastisch wird. In einem Gefäß mit Deckel 1 Stunde gehen lassen. Erst jetzt das Salz dazugeben, noch einmal gut durchkneten und eine weitere ½ Stunde zugedeckt gehen lassen.

Den Backofen auf 250 Grad vorheizen.

Den Teig erneut aufschlagen und auf einer bemehlten Fläche in 4 gleich große Stücke teilen. Jedes Stück mit bemehlten Fingern flach drücken und die Ober- und Unterkante einklappen. Erneut flach drücken und den Vorgang wiederholen, bis eine lange Teigstange entstanden ist. Mit der Naht nach unten auf ein mit Backpapier ausgelegtes Blech legen und, in eine große Plastiktüte verpackt, gehen lassen (die Tüte darf die Teigoberfläche nicht berühren).

Nach einer ½ Stunde sollten die Teiglinge doppelt so groß sein wie vorher. Mit einem scharfen Messer die Oberfläche mehrmals diagonal leicht einschneiden und das Blech sofort in den Backofen schieben. Bei 250 Grad 5 Minuten anbacken, dann weitere 8 Minuten bei 200 Grad gar backen.

HIRSE-LINSEN-KAROTTEN-BÄLLCHEN:
50 g Hirse
50 g rote Linsen
3 Karotten
2 EL Dinkelmehl Type 1050
¼ TL Backpulver
½ TL Kurkuma
Salz

TOMATENAUFSTRICH:
80 g getrocknete Tomaten in Öl
½ Bund glatte Petersilie
3 EL geriebene Mandeln
2 EL Hefeflocken (von Naturata)
4 EL Olivenöl
Salz

HALBGETROCKNETE TOMATEN:
200 g Kirschtomaten
2 EL Olivenöl
1 EL grobes Meersalz

HIRSE-LINSEN-KAROTTEN-BÄLLCHEN

Hirse und Linsen gut waschen, abtropfen und mit 180 ml Wasser 10 Minuten sanft köcheln lassen. Vom Herd nehmen und abkühlen lassen.
Die Karotten schälen, fein reiben und salzen. Nach einigen Minuten auspressen und mit der Hirse-Linsen-Mischung vermengen. Die übrigen Zutaten dazugeben und noch einmal verkneten.
Aus dem Teig mit angefeuchteten Händen kleine Bällchen formen und auf Backpapier im Backofen bei 230 Grad 10 Minuten knusprig braun backen.

TOMATENAUFSTRICH

Die Tomaten abtropfen lassen und fein schneiden. Die Petersilie fein hacken. Beides mit den restlichen Zutaten gut vermischen und einige Minuten quellen lassen.

HALBGETROCKNETE TOMATEN

Die Tomaten halbieren und mit Olivenöl beträufelt auf ein mit Backpapier ausgelegtes Blech geben. Mit Meersalz bestreuen und im Backofen bei 60 Grad 2 Stunden trocknen lassen.

GEBRATENE CHAMPIGNONS:
150 g braune Champignons
1 EL Sonnenblumenöl
1 EL Shoyu (Sojasauce)
1 EL Birnendicksaft

1 Bund Rucola, Feldrucola
oder anderer Blattsalat zum
Belegen

GEBRATENE CHAMPIGNONS

Die Pilze putzen und die Stiele herausbrechen (sie können für eine Suppe oder Sauce verwendet werden). Eine beschichtete Pfanne leer erhitzen und die Pilze in die heiße Pfanne geben. Mit Öl, Shoyu und Birnendicksaft ablöschen. Einige Male die Pfanne schwenken, bis die Pilze ganz von der Marinade umhüllt sind, und nach 3 Minuten Bratzeit vom Herd nehmen.

Den Rucola putzen, waschen und trocken schleudern.

ANRICHTEN

Das Baguette waagerecht aufschneiden und etwas von der weichen Brotkrume herausnehmen, damit mehr Platz für die Füllung ist. Mit Tomatenpaste bestreichen und mit allen anderen Bestandteilen großzügig füllen.

Diese Hirse-Linsen-Karotten-Bällchen gibt es seit 2002, als ich auf dem Tollwood-Festival in München eigentlich einen Falafel-Stand machen wollte. Da es aber schon einen anderen Falafelstand gab, musste ich mir etwas Neues einfallen lassen. So sind aus reiner Verzweiflung legendäre Burger entstanden, auf die ich heute noch von vielen der damaligen Gäste angesprochen werde – so gut waren die.

Nasi Campur

ROTER LORBEER-REIS:
250 g roter Reis
3 Lorbeerblätter
2 EL Olivenöl
Salz

ERDNUSSSAUCE:
125 g Erdnüsse
Saft von 1 Zitrone
Saft von 1 Orange
40 g Ingwer
1 Stange Zitronengras
1 EL Sambal Oelek
1 Tomate
3 EL feines Erdnussmus
Salz

TEMPEH-GRILLSPIESSE:
30 g Ingwer
10 g frische Kurkuma-
wurzel, ersatzweise 2 Msp.
getrocknete Kurkuma
¼ TL Kurkuma
½ TL Kardamom
Salz
3 EL Sambal Oelek
4 EL Sonnenblumenöl
2 EL Shoyu (Sojasauce)
400 g Tempeh

MAISKOLBEN:
2 Maiskolben
Salz
1 Msp. Natron
2 EL pflanzliche
Margarine
Pfeffer aus der Mühle

ROTER LORBEER-REIS

Den Reis waschen und abtropfen lassen. In einem kleinen Topf mit 480 ml Wasser und den Lorbeerblättern 20 Minuten mit geschlossenem Deckel köcheln lassen. Die Hitze abschalten und weitere 15 Minuten quellen lassen. Die Lorbeerblätter entfernen, Öl und Salz dazugeben, vorsichtig durchrühren und vor dem Servieren einige Minuten ausdampfen lassen.

ERDNUSSSAUCE

Die Erdnüsse in einem kleinen Topf leicht anrösten und mit dem Saft der Zitrusfrüchte ablöschen. Den Ingwer schälen, das Zitronengras fein hacken. Beides zu den Erdnüssen geben und mit Sambal Oelek würzen. Die Sauce sanft einköcheln lassen und eventuell mit ½ Tasse Wasser verlängern.
Die Tomate mit kochendem Wasser überbrühen und 3 Minuten stehen lassen, dann abgießen, mit kaltem Wasser abschrecken und die Haut abziehen. Die Tomate in die Sauce geben und mit einem Pürierstab grob pürieren. Die Sauce soll nicht glatt werden, ein bisschen Biss in der Sauce gehört dazu. Zum Schluss mit dem Erdnussmus binden, vom Herd nehmen und mit Salz abschmecken.

TEMPEH-GRILLSPIESSE

Ingwer und Kurkumawurzel schälen, grob schneiden und zusammen mit den Gewürzen, Sambal Oelek, Öl und Shoyu in einer kleinen Schüssel zu einem Dressing pürieren. Das Tempeh in etwa 2 cm große Würfel schneiden und 1 Stunde in der Sauce marinieren. Anschließend die Würfel auf 8–12 Schaschlik-Spieße stecken und die restliche Marinade andrücken. Die Spieße auf einem Holzkohlegrill oder alternativ im Backofen von allen Seiten schön bräunen.

MAISKOLBEN

Die Blätter und Fäden der Maiskolben entfernen und das untere dicke Ende der Kolben abschneiden. Die Kolben in kochendem, gesalzenem Wasser mit dem Natron 20–30 Minuten garen. Die Maiskörner sollen prall und dunkelgelb sein. Die Kolben mit Margarine, Salz und Pfeffer bestreichen und mit auf den Grill legen oder alternativ in der Pfanne bräunen.

CHINAKOHL-KAROTTEN-GEMÜSE:

3 Karotten
1 kleiner Chinakohl
2 Orangen

Salz
Sonnenblumenöl

ZUCCHINISCHEIBEN:

4 kleine Zucchini
3 EL Olivenöl
Saft von ½ Zitrone
Salz

GEGRILLTE ZITRONEN:

2 unbehandelte Zitronen
Salz

CHINAKOHL-KAROTTEN-GEMÜSE

Einen Topf Wasser zum Kochen bringen und eine Schüssel mit kaltem Wasser bereitstellen. Die Karotten schälen und schräg in 1 mm dünne Scheiben schneiden. Den Chinakohl halbieren und in 3 cm breite Streifen schneiden. Die Chinakohlstreifen im kochenden Wasser 5 Sekunden blanchieren. Mit einer Schaumkelle herausnehmen, sofort in kaltem Wasser abschrecken und abgießen. Die Karotten etwa 1 Minute im kochenden Wasser garen, dann abgießen und abschrecken. Die Schale und Fruchthaut der Orangen entfernen und die Filets herauslösen. Karotten, Chinakohl und Orangenfilets in einer großen Schüssel miteinander vermengen, mit Salz würzen und für einen schönen Glanz mit wenig Sonnenblumenöl beträufeln.

ZUCCHINISCHEIBEN

Die Zucchini in 4 cm dicke Scheiben schneiden und mit Öl, Zitronensaft und Salz würzen. Auf dem Grill 5 Minuten garen; sie sind dann noch ziemlich fest, garen aber durch die gespeicherte Hitze gut durch und bleiben dabei schön saftig und grün. Alternativ die Zucchinischeiben im Backofen garen.

GEGRILLTE ZITRONEN

Die Zitronen unter warmem Wasser waschen, halbieren und die Schnittfläche salzen. Auf den Grill legen, leicht andrücken und einige Minuten grillen, bis sie Farbe bekommen.

ANRICHTEN

Den Reis portionsweise in einen Trichter drücken und als Reisturm auf die Tellermitte stürzen. Einen kleinen Schöpflöffel Erdnusssauce danebensetzen und die Tempeh-Grillspieße darauflegen. Die verschiedenen Gemüsesorten rund um den Reisturm anrichten.

Bayerischer Selleriebraten mit Blaukraut, Kartoffelbrei und Kohlrabigemüse

SELLERIEBRATEN:
2 kleine Sellerieknollen
250 ml trockener Weißwein
5 EL Sonnenblumenöl
8 Wacholderbeeren
Salz, schwarzer Pfeffer aus der Mühle

SELLERIEBRATEN
Die Sellerieknollen halbieren und schälen. Die Selleriehälften mit den Schnittflächen nach unten so in eine ofenfeste Kasserolle legen, dass sie nahe beieinanderliegen. Wein, 150 ml Wasser, Öl und die Gewürze dazugeben. Im Ofen bei 175 Grad etwa 40 Minuten garen, dabei den Sellerie alle 8 Minuten mit der Flüssigkeit in der Kasserolle übergießen. Der Selleriebraten ist fertig, wenn man einen Zahnstocher leicht bis in die Mitte stechen kann.

BRATENSAUCE

BRATENSAUCE:
- 3 Karotten
- ¼ Sellerieknolle
- 2 Stangen Staudensellerie
- ½ Fenchelknolle
- 4 EL Sonnenblumenöl
- Salz
- 3 EL Tomatenmark
- 100 ml Rotwein
- 1 EL Hefeflocken (von Naturata)
- 2 Lorbeerblätter

Karotten und Sellerieknolle schälen, Staudensellerie sowie Fenchel putzen und alles in grobe Stücke schneiden. Das Öl in einem flachen Topf erhitzen, das Gemüse zufügen, salzen und bei guter Mittelhitze anbraten. Das Gemüse während des Bratens oft umrühren, bis es kräftig gebräunt und durchgegart ist. Das Tomatenmark unterrühren und einige Minuten mit anbraten. Den Rotwein sowie 100 ml Wasser dazugeben und 5 Minuten köcheln lassen. Die Sauce pürieren und durch ein feines Sieb streichen. Zurück in den Topf gießen, zum Binden die Hefeflocken unterrühren und mit Salz abschmecken. Die Lorbeerblätter dazugeben, in der heißen Sauce 5 Minuten ziehen lassen, dann wieder entfernen.

BLAUKRAUT

BLAUKRAUT:
- ½ kleiner Kopf Rotkohl (ca. 400 g)
- 3 EL Sonnenblumenöl
- 2 EL Apfelessig
- 6 Wacholderbeeren
- 1 Lorbeerblatt
- 2 Äpfel (Kochäpfel, z. B. Boskop oder Cox Orange)
- Salz

Den halben Kohlkopf längs nochmals halbieren und den weißen Strunk herausschneiden. Den Kohl fein schneiden oder hobeln. Das Öl in einem Topf erhitzen, den Rotkohl dazugeben und unter häufigem Rühren anbraten. Nach einigen Minuten mit Apfelessig und 100 ml Wasser ablöschen. Die Gewürze dazugeben, aber noch nicht salzen und bei kleiner Hitze etwa 30 Minuten zugedeckt garen. Inzwischen die Äpfel schälen, vierteln, entkernen und in dünne Scheiben schneiden. Kurz bevor der Kohl gar ist, das Kraut salzen, die Apfelscheiben dazugeben, unterrühren und ein paar Minuten mitgaren. Sie sollen am Ende der Garzeit aber nicht ganz zerfallen sein. Die Lorbeerblätter und die Wacholderbeeren so gut wie möglich aus dem Rotkohl entfernen und das Kraut vor dem Servieren nochmals mit Salz abschmecken.

KARTOFFELBREI

KARTOFFELBREI:
- 800 g mehligkochende Kartoffeln
- 150 ml Sojamilch natur
- 50 g pflanzliche Margarine
- Muskatnuss, Salz

Die Kartoffeln waschen und mit der Schale etwa 20 Minuten gar kochen. Abgießen, mit kaltem Wasser abschrecken und noch warm schälen. In einem kleinen Topf Sojamilch und Margarine erhitzen, salzen und mit frisch geriebener Muskatnuss würzen.
Die geschälten Kartoffeln in einen Topf geben und zu einem feinen Brei stampfen. Die heiße Sojamilchmischung darübergießen, noch einmal kurz durchstampfen und eventuell nachsalzen. Zugedeckt warm halten.

KOHLRABIGEMÜSE:
2 kleine Kohlrabi
1 Karotte
2 EL pflanzliche Margarine
Salz
150 ml Sojasahne
(von Natumi)
½ Bund glatte Petersilie

KOHLRABIGEMÜSE

Die Kohlrabi schälen und in ½ cm breite Stifte schneiden. Die Karotte schälen und schräg in dünne Scheiben schneiden. Beide Gemüse in einem kleinen Topf in der Margarine anschwitzen, salzen und mit Sojasahne ablöschen. Bei kleiner Hitze 3 Minuten garen. Vom Herd nehmen und mit der Resthitze durchziehen lassen. Kurz vor dem Servieren die grob gezupfte Petersilie zu dem Gemüse geben.

ANRICHTEN

Einen großen Klecks Kartoffelbrei auf den Teller setzen, mit einem Esslöffel eine Vertiefung drücken und einen kleinen Schöpflöffel Bratensauce hineinlaufen lassen. Das Blaukraut daneben anrichten. Den Selleriebraten in dünne Scheiben schneiden und gefächert auf das Blaukraut legen. Das Kohlrabigemüse an den Tellerrand geben.

Ich bin in Bayern geboren und liebe das typische hiesige Essen. Auch wenn die bayerische Küche auf den ersten Blick nicht viel mit der veganen gemeinsam hat, lasse ich mich gern von traditionellen Rezepten inspirieren. Wie zum Beispiel vom klassischen Braten, der immer wieder mit Bratenflüssigkeit übergossen wird, damit er zart wird und dabei saftig bleibt. Diese Zubereitungsart habe ich auf die vegane Küche umgemünzt und dafür Sellerieknollen genommen. Kartoffelbrei liebte ich schon als Kind, auch wenn ich mir nur »den aus der Tüte« selber machen konnte. Doch bald lernte ich, dass Kartoffelbrei aus frischen Kartoffeln fast genauso schnell und einfach geht und vor allem unvergleichlich besser schmeckt.

Cornflakes-Schnitzel mit Kreuzkümmel-Orangen-Reis, Spitzkohlsalat und Orangensauce

CORNFLAKES-SCHNITZEL:
250 g Sojajoghurt natur
1 unbehandelte Zitrone,
abgeriebene Schale
Salz, schwarzer Pfeffer
aus der Mühle
200 g ungesüßte
Cornflakes
1 Glas Seitan in Scheiben
(Arche)
pflanzliche Margarine

CORNFLAKES-SCHNITZEL

Den Sojajoghurt mit der Zitronenschale verrühren und mit Salz und Pfeffer würzen. Die Cornflakes mit den Händen etwas zerkleinern. Zum Panieren in eine flache Schale den Sojajoghurt füllen und in eine zweite die Cornflakes.

Die Seitanscheiben abgießen und mit einem Küchentuch leicht trocknen. Im Sojajoghurt wenden und anschließend in die Schale mit den Cornflakes legen. Die Cornflakes fest an das Schnitzel pressen.

Die Schnitzel lassen sich bis hierher gut vorbereiten und abgedeckt im Kühlschrank aufbewahren. Je länger sie im Kühlschrank bleiben, desto besser hält die Panade. Zum Fertigstellen die Schnitzel in Margarine ausbraten und heiß auf die Teller geben.

Kreuzkümmel-Orangen-Reis:

300 g Basmatireis
3 Saftorangen
3 EL Sonnenblumenöl
1 TL Kreuzkümmel
Salz

Orangensauce:

1 Karotte
¼ Knolle Sellerie
1 Pastinake oder
Petersilienwurzel
4 EL Sonnenblumenöl
Salz
1 Schuss Weißwein
3 unbehandelte
Saftorangen
Hefeflocken zum Binden
(von Naturata)

Kreuzkümmel-Orangen-Reis

Den Reis in einem feinen Sieb gut waschen und abtropfen lassen. Mit 320 ml Wasser zum Kochen bringen und zugedeckt bei kleiner Hitze 10 Minuten köcheln lassen. Vom Herd nehmen und 10 Minuten quellen lassen. Schale und Fruchthaut der Orangen entfernen und die Filets herauslösen. Öl, Kreuzkümmel und Salz zum Reis geben und vorsichtig unterheben.

Orangensauce

Das Gemüse schälen und klein schneiden. Das Öl in einem Topf erhitzen und das Gemüse mit etwas Salz anbraten, bis es ein bisschen Farbe bekommen hat. Mit Wein ablöschen. Die Orangen heiß waschen, etwas Schale abreiben und beiseitestellen. Die Orangen auspressen, den Saft zum Gemüse geben und ein wenig einkochen. Mit Hefeflocken abschmecken und grob pürieren. Die Sauce durch ein Sieb streichen, etwas abgeriebene Orangenschale dazugeben und mit Salz abschmecken. Die Sauce bis zum Servieren warm stellen; nicht mehr aufkochen, da sie sonst schnell bitter wird.

Spitzkohlsalat
mit rosa Pfeffer:
½ kleiner Spitzkohl
4 EL mildes Distelöl
3 EL Apfelessig
1 TL rosa Pfefferbeeren
Salz

Spitzkohlsalat

Die äußeren Blätter des Spitzkohls und den Strunk entfernen, den Kohl in hauchdünne Streifen schneiden. Mit den übrigen Zutaten vermengen und einige Minuten ziehen lassen.

Anrichten

Den Reis zusammen mit den Orangenfilets auf Teller verteilen, die Schnitzel dazulegen und den Spitzkohlsalat separat dazu reichen.

Seitan, ein sehr proteinhaltiges Weizenprodukt mit angenehmem Biss, ist in weiten Teilen Asiens bekannt und wurde dort gegessen, lange bevor er bei uns bekannt wurde. Seitan schmeckt sowohl mit Semmelbröseln paniert wie auch unpaniert super. Das Tolle an dieser Art der Zubereitung sind die Cornflakes, die in der Pfanne knusprig golden werden. Zusammen mit der Orangensauce, dem frischen Krautsalat und dem würzigen Reis ist es ein richtig elegantes Essen.

Falafel-Teller

FALAFEL:
200 g Kichererbsen
1 Bund Petersilie
1 EL gemahlener Koriander
Salz
300 ml Sonnenblumenöl
½ TL Backpulver

FALAFEL

Die Kichererbsen in reichlich Wasser über Nacht in einer Metallschüssel einweichen. Am nächsten Tag die Erbsen abgießen und gut
waschen. Zusammen mit der grob gehackten Petersilie durch den
Fleischwolf drehen oder alternativ mit dem Pürierstab mit viel Geduld
sehr fein pürieren. Mit Koriander und Salz würzen.
Das Öl in einem flachen Topf erhitzen. Mit einem Holzlöffel testen,
ob es die richtige Temperatur hat: Wenn sich am Holzlöffel Bläschen
bilden, ist das Öl heiß genug. Die Hitze reduzieren und das Backpulver
unter die Kichererbsenmasse rühren. Mit 2 Esslöffeln Nocken vom
Teig abstechen und im heißen Öl 3–4 Minuten ausbacken. Sind die
Falafel gar, mit einer Schaumkelle herausnehmen und zum Abtropfen
auf Küchenpapier legen.

SCHARFE SAUCE:
20 g frische Kurkuma-
wurzel, ersatzweise
¼ gemahlene Kurkuma
2 EL Sambal Oelek
2 reife Tomaten
2 EL Olivenöl
Salz
¼ TL Johannisbrotkern-
mehl (von Rapunzel)

TAHIN-SAUCE:
Saft von 1 Orange
Saft von ½ Zitrone
60 g weißes Tahin
Salz

BUSCHBOHNEN:
150 g Buschbohnen
Salz
1 Msp. Natron
Saft von ½ Zitrone
2 EL Olivenöl

SCHARFE SAUCE

Die Kurkuma schälen und zusammen mit den restlichen Zutaten fein pürieren. Mit Salz abschmecken.

TAHIN-SAUCE

Orangen- und Zitronensaft durch ein Sieb in ein hohes Gefäß geben. Tahin und 80 ml Wasser dazugeben, glatt pürieren und mit Salz abschmecken.

Die beiden Saucen sollen eine ähnliche Konsistenz haben. Wenn die Tahin-Sauce zu dünn ist, einfach noch ein wenig Tahin dazugeben und nochmals pürieren, wenn sie zu dick ist, noch einen Schluck Wasser unterrühren.

BUSCHBOHNEN

Die Buschbohnen putzen und halbieren. Einen Topf mit gesalzenem Wasser zum Kochen bringen und die Bohnen mit dem Natron 6 Minuten kochen. Abgießen und in Eiswasser abschrecken. Zum Servieren mit Zitronensaft und Olivenöl anmachen.

KAROTTEN-KOKOS-SALAT MIT KORINTHEN:
3 Karotten
Saft von ½ Zitrone
3 EL Kokosflocken
2 EL Rapskernöl
1 EL Korinthen
Salz

COUSCOUS:
200 g Couscous
¼ TL Rosenpaprika
¼ TL gemahlener Kreuz-
kümmel
2 Msp. Kurkuma
Salz
1 EL pflanzliche Margarine
2 EL Sesam
¼ Bund glatte Petersilie

KAROTTEN-KOKOS-SALAT

Die Karotten schälen und fein reiben. Den Zitronensaft mit den restlichen Zutaten zu den Karotten geben. Alles vorsichtig zu einem feinen Salat vermengen.

COUSCOUS

Den Couscous zusammen mit den Gewürzen und der Margarine in eine Schüssel mit Deckel geben. Wasser zum Kochen bringen. Den Couscous gerade eben mit kochendem Wasser bedecken und zugedeckt 5 Minuten quellen lassen. Den Couscous salzen und mit einer Gabel auflockern.
Den Sesam in einer Pfanne leicht anrösten und mit der grob geschnittenen Petersilie unter den Couscous heben.

ANRICHTEN

Ein Stück Backpapier zu einem Trichter falten, mit Couscous füllen und diesen mit einem Löffel fest hineinpressen. Auf den Teller setzen, das Papier aber noch nicht abziehen. Die beiden Saucen gleichzeitig in eine kleine Schüssel gießen und neben den Couscous stellen. Einige Falafelbällchen und die beiden Gemüsebeilagen hübsch dazu anrichten. Vorsichtig das Papier vom Couscous-Türmchen abziehen und servieren.

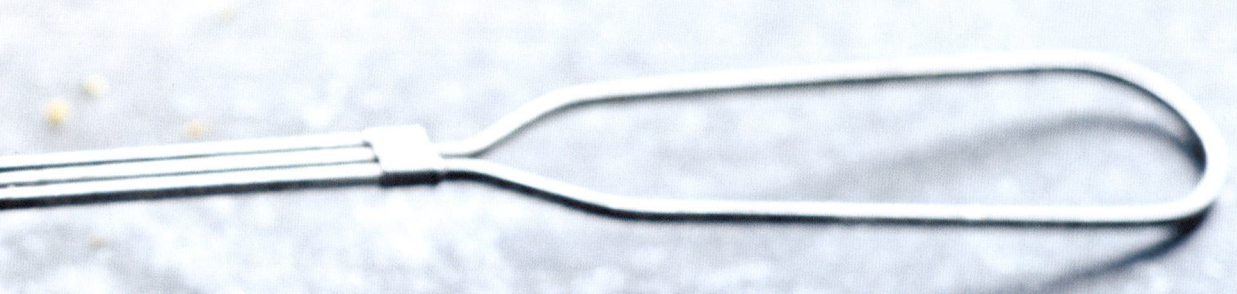

Ein israelischer Freund, bei dem ich vor vielen Jahren in einem kleinen Lokal in Stuttgart als Koch gearbeitet habe, hat mir alles über die Falafel-Küche beigebracht. Es ist köstlich, sechs verschiedene Speisen, verschiedene Farben, verschiedene Konsistenzen auf dem Teller serviert zu bekommen: Protein, Getreide, gekochtes Gemüse, rohes Gemüse, Nüsse und Gewürze. Alles auf einem Teller, alles auf einmal. Man kann einfach essen, ohne viele Gänge abwarten zu müssen.

Japanische Sesam-Reisbällchen mit Avocado-Apfel-Curry und überbackenen Auberginen

SESAM-REISBÄLLCHEN:
250 g Sushi-Reis
Salz
5 EL Genmai Su
(japanischer Reisessig)
4 Umeboshi (Salzaprikosen)
1 Salatgurke
4 EL weißer Sesam
4 EL schwarzer Sesam

SESAM-REISBÄLLCHEN

Den Reis sehr gründlich waschen und gut abtropfen lassen. Mit 360 ml Wasser zugedeckt 10 Minuten bei mittlerer Hitze kochen. Vom Herd nehmen und weitere 10 Minuten quellen lassen. Salzen, mit Reisessig würzen und mit einer Gabel leicht auflockern. Den Reis zum Abkühlen auf einem Backblech ausbreiten.

Die Umeboshi entkernen, die Gurke mit Salz abreiben und dann waschen; so wird ihre grüne Farbe noch intensiver und bleibt länger erhalten. Die Gurke in ½ cm große Würfel schneiden. Den Sesam in einer Pfanne rösten, bis er zu knistern beginnt. Mit angefeuchteten Händen kleine Reisportionen mit Aprikosenstücken und Gurke füllen, fest zu runden Bällchen formen und dann im Sesam rollen.

ÜBERBACKENE AUBERGINEN:
1 Aubergine
50 g Shiro Miso
40 g Rohrohrzucker
2 EL Sonnenblumenöl
5 EL geröstetes Sesamöl

AVOCADO-APFEL-CURRY:
1 Karotte
2 kleine Boskop-Äpfel
30 g Ingwer
1 reife Avocado
Saft von 1 Orange
Salz

ÜBERBACKENE AUBERGINEN

Die Auberginen in 3 cm dicke Scheiben schneiden. In Wasser einlegen und 20 Minuten ziehen lassen.

Für die Misopaste Shiro Miso, Zucker und Sonnenblumenöl in ein hohes Gefäß geben und mit einem Pürierstab gründlich zu einer feinen »Marmelade« mixen – das dauert etwas, nur Geduld. Es ist wichtig, dass der Zucker sich komplett auflöst und das Öl sich mit dem Miso verbindet.

Die Auberginenscheiben abtropfen lassen und mit einem Küchentuch trocken tupfen. In einer beschichteten Pfanne im gerösteten Sesamöl von beiden Seiten halb gar braten. Auf ein Backblech legen, großzügig mit der Misopaste bestreichen und im Ofen bei 180 Grad etwa 5 Minuten backen, bis der Zucker karamellisiert. Dabei immer wieder kontrollieren, da der Zucker leicht verbrennt.

AVOCADO-APFEL-CURRY

Karotte und Äpfel schälen, putzen und in grobe Stücke schneiden. In einem kleinen Topf mit wenig Wasser weich kochen. Den Ingwer schälen und fein reiben, die Avocado schälen und entsteinen. Alles zusammen mit dem Orangensaft zur Karotten-Apfel-Mischung geben. Mit einem Pürierstab glatt pürieren; wenn das Curry zu fest ist, eventuell noch wenig Wasser dazugeben. Mit Salz abschmecken.

WASSERMELONEN-CHUTNEY:
¼ Wassermelone
2 EL heller
Agavendicksaft
Saft von ½ Zitrone
¼ Chili
2 EL gelbe Senfsamen
Salz

MEERRETTICH-PETERSILIE:
50 g Meerrettich
¼ Bund glatte Petersilie
Salz

3 EL Tamari
(japanische Sojasauce)

WASSERMELONEN-CHUTNEY

Für dieses Chutney benutzt man jene Teile der Wassermelone, die normalerweise nach dem Essen auf dem Kompost landen: das hellgrüne Fruchtfleisch mit Resten vom rosafarbenen Fruchtfleisch, aber ohne die harte dunkelgrüne Schale. Dieses Fruchtfleisch in dünne Streifen schneiden und in einer beschichteten Pfanne mit Agavendicksaft, Zitronensaft, Chili und Senfsamen garen. Mit Salz abschmecken.

MEERRETTICH-PETERSILIE

Den Meerrettich schälen und fein reiben. Die Petersilie zusammen-gerollt in hauchdünne Streifen schneiden. Unter den Meerrettich heben und mit Salz abschmecken.

ANRICHTEN:

Die Reisbällchen auf die Teller legen und jeweils ein Schüsselchen mit Avocado-Apfel-Curry und Tamari, einen Klecks Meerrettich-Petersilie, eine Scheibe Miso-Aubergine und in der Mitte das Wassermelonen-Chutney anrichten. Perfekt natürlich mit Stäbchen gegessen.

Viele japanische Mönche ernähren sich vorwiegend vegan, vor allem an Feiertagen und wichtigen religiösen Festen. Die japanische Küche geht anders an das Essen heran: Man schneidet anders, man beobachtet die Zutaten zuerst und bereitet sie erst dann zu. Es ist eine besondere Art zu kochen, mit Präzision und tiefer Einsicht in die Zutaten und ihre Qualitäten. Details wie Farbe und Form haben einen großen Einfluss. Das einfach Schlichte der Speisen wirkt reich und elegant.

Kamut-Spaghetti mit Rucolapesto, Austernpilzen und gefüllten Zucchini

KAMUT-SPAGHETTI:
500 g Kamut-Spaghetti
Salz

GEFÜLLTE ZUCCHINI:
2 kleine Zucchini
8 Champignons
Olivenöl
Salz
½ Bund glatte Petersilie
1 EL Hefeflocken
(von Naturata)
3 EL Semmelbrösel

KAMUT-SPAGHETTI

Die Nudeln in reichlich Salzwasser etwa 10 Minuten al dente kochen und abgießen.

GEFÜLLTE ZUCCHINI

Die Zucchini der Länge nach halbieren und in 3 gleich große Teile schneiden. Mit einem kleinen Löffel das Innere herauslösen, ohne den Rand der Zucchini zu verletzen. Das herausgelöste Fruchtfleisch klein schneiden. Die Pilze putzen und ebenfalls klein schneiden. Pilze und Zucchini-Fruchtfleisch in wenig Olivenöl mit etwas Salz in einer Pfanne anbraten, bis alles gar ist. Die fein geschnittene Petersilie, Hefeflocken und Semmelbrösel unter das Gemüse heben und die ausgehöhlten Zucchinihälften damit füllen. In eine kleine Backform legen und mit Öl beträufeln. Im Backofen bei 200 Grad 12 Minuten braun backen.

AUSTERNPILZE:
8 große Austernpilze
1 EL weißer Sesam
1 EL schwarzer Sesam
4 EL Olivenöl
grobes Meersalz

RUCOLAPESTO:
1 Bund Rucola
1 Zweig Rosmarin
80 ml Olivenöl
Saft von ½ Zitrone
1 EL heller
Agavendicksaft
Salz
50 g gemahlene Mandeln
4 EL Hefeflocken
(von Naturata)

AUSTERNPILZE

Die Austernpilze putzen, den Stiel etwas kürzen und die Pilze auf einem Backblech auslegen. Mit Sesam bestreuen und bei 200 Grad im Backofen 9 Minuten backen. Erst nach dem Backen noch heiß mit Olivenöl beträufeln und mit grobem Meersalz würzen.

RUCOLAPESTO

Den Rucola waschen, die Rosmarinnadeln abzupfen und beides in einem hohen Gefäß zusammen mit Olivenöl, Zitronensaft, Agavendicksaft und Salz fein pürieren. Mandeln und Hefeflocken dazugeben und kräftig verrühren. Mit Salz abschmecken.

ANRICHTEN

Das Rucolapesto unter die Kamut-Spaghetti heben und auf die Teller verteilen. Die Pilze und die gefüllten Zucchini dazugeben und heiß servieren.

Es dauert etwas, bis man sich an den Genuss von Vollkornspaghetti gewöhnt und ihnen etwas abgewinnen kann. Sie haben nicht den Biss von Hartweizennudeln, schmecken aber dennoch toll. Ganz anders Kamut-Spaghetti: Sie sind nach dem Kochen viel heller als normale Vollkornnudeln, geschmacklich reicher und haben einen sehr guten Biss. Pesto und gefülltes Gemüse zuzubereiten dauert nicht länger, als die Nudeln zu kochen – nach zwanzig Minuten ist alles gleichzeitig fertig.

Kürbisravioli mit Salbei-Mandel-Butter, Rote-Bete-Sauce und Rucolaschaum

RAVIOLI-NUDELTEIG:
250 g Hartweizengrieß
Salz

RAVIOLI-NUDELTEIG

Den Grieß mit 125 ml Wasser und Salz von Hand zu einem festen, aber geschmeidigen Teig kneten. Mit Frischhaltefolie bedeckt 1 Stunde ruhen lassen.

KÜRBISFÜLLUNG:
1 kleiner Butternut-Kürbis
60 g Hefeflocken (von Naturata)
Salz

KÜRBISFÜLLUNG

Den Kürbis schälen, halbieren und entkernen. In grobe Würfel schneiden und mit einem Schuss Wasser in einer Pfanne mit Deckel bei kleiner Hitze langsam weich garen. Überschüssiges Wasser abgießen und die Kürbiswürfel mit einer Gabel zerdrücken. Mit Hefeflocken binden und mit Salz abschmecken.

SALBEI-MANDEL-BUTTER:

75 g pflanzliche
Margarine
100 g halbierte Mandeln
30 g Hefeflocken (von
Naturata)
Salz
1 Bund Salbei

ROTE-BETE-SAUCE:

1 kleine Rote Bete
½ Zitrone
5 schwarze Pfefferkörner
1 Msp. Johannisbrotkern-
mehl (von Rapunzel)
Salz

RUCOLASCHAUM:

1 Bund Rucola
100 ml Sojasahne
(von Natumi)
2 EL Hefeflocken
(von Naturata)
Salz

FERTIGSTELLEN DER RAVIOLI

Den Nudelteig dritteln und die Teigportionen nacheinander durch die Nudelmaschine drehen: zuerst auf der größten Stufe, wieder zusammenfalten und noch einmal durch die Maschine drehen. Dies wiederholen, bis der Teig geschmeidig ist und nicht mehr reißt. Nun den Teig auf der nächstdünneren Stufe durchdrehen und so fortfahren, bis die zweitdünnste Stufe erreicht ist. Die Arbeitsfläche und die Nudelteigbahn mit Hartweizengrieß leicht bestäuben, damit nichts anklebt. Auf die Hälfte der so entstandenen langen Teigplatte mit 2 Teelöffeln mit etwas Abstand kleine Häufchen der Kürbisfüllung platzieren. Die andere Teighälfte darauflegen und den Teig um die Füllungen herum mit den Fingern leicht andrücken. Die Ravioli mit einem Ravioliausstecher ausstechen, an den Rändern noch einmal fest andrücken und bis zum Kochen auf einem mit Hartweizengrieß bestreuten Blech lagern. Mit den anderen zwei Teigportionen ebenso verfahren. Die Ravioli in kochendem Salzwasser 2 Minuten garen, mit einer Schaumkelle herausnehmen und auf einen Teller legen.

SALBEI-MANDEL-BUTTER

Die Margarine schmelzen und die halbierten Mandeln darin unter ständigem Rühren anrösten. Nach einigen Minuten mit Hefeflocken und Salz würzen und erst ganz zum Schluss die Salbeiblätter hinzugeben.

ROTE-BETE-SAUCE

Die Rote Bete schälen und ganz fein raspeln. Den Saft aus dem Fruchtfleisch in eine Schüssel pressen und mit den restlichen Zutaten zu einer glatten Sauce pürieren. Nach 15 Minuten hat das Johannisbrotkernmehl gebunden und die Sauce ist servierbereit.

RUCOLASCHAUM

Den Rucola waschen, trocken schleudern und mit den restlichen Zutaten in einem hohen Gefäß zu einem feinen Schaum pürieren.

ANRICHTEN

Die Ravioli kurz vor dem Servieren in der Mandelbutter anbraten, damit sie wieder erhitzt werden und ein bisschen Farbe bekommen. Ein paar Ravioli auf den Teller legen, Mandelbutter und Salbeiblätter darauf verteilen und den Teller mit Rote-Bete-Sauce und Rucolaschaum dekorieren.

Pizza mit Tofukäse

PIZZATEIG:
10 g Frischhefe
500 g Dinkelmehl
Type 630
50 g Polentagrieß
50 ml Olivenöl
Salz

PIZZATEIG

Die Hefe in 300 ml lauwarmem Wasser auflösen, Dinkelmehl, Polentagrieß und Olivenöl dazugeben. Zu einem festen, gleichmäßigen Teig kneten und mit Frischhaltefolie abgedeckt 1 Stunde gehen lassen. Dann den Teig salzen, erneut durchkneten und bis zum Gebrauch abgedeckt beiseitestellen. Der Teig kann gut einige Tage im Kühlschrank aufbewahrt werden.

Zum Zubereiten der Pizza ein passendes Stück Teig abtrennen, kurz von Hand glatt kneten und nach Geschmack belegen.

Meine professionelle Zeit als Pizzaiolo war zwar nur sehr kurz, aber jeden Tag von Hand aus 10 kg Mehl Teig zu kneten, hat mir schon einiges beigebracht. Das Problem, das man zu Hause beim Pizzamachen hat, ist der Backofen. Er erreicht nicht dieselbe Hitze wie ein Holzofen, in dem eine Pizza nach drei Minuten gar ist. Um zuhause eine knusprige Pizza hinzukriegen, trickse ich mit Polenta- oder Hartweizengrieß: ein wenig davon in den Teig, und die Pizza wird trotz geringerer Hitze kross. Der »Käse« auf dieser Pizza ist kein Käse, auch keine vegane Käseversion mit kaum aussprechbaren Zutaten; es ist einfach Tofu.

TOMATENSAUCE:
1 Dose gestückelte
Tomaten
1 TL Oregano
1 TL Rosmarin
1 großer Schuss Olivenöl
Salz

TOFUKÄSE:
400 g Tofu
50 g Hefeflocken
(von Naturata)
60 ml Olivenöl
Salz

GEMÜSEBELAG:
½ Zucchini
½ rote Paprikaschote
100 g entsteinte Oliven
50 g Kapernäpfel
½ Bund glatte Petersilie

TOMATENSAUCE

Die Dosentomaten in eine Schüssel geben und mit Oregano, Rosmarin, Olivenöl und Salz abschmecken.

TOFUKÄSE

Den Tofu abtropfen lassen. Mit den Händen in eine Schüssel krümeln und mit Hefeflocken, Öl und Salz vermengen.

GEMÜSEBELAG

Die Zucchini in 3 mm dicke Scheiben schneiden und in eine kleine Schüssel geben. Die Paprikaschote entkernen und in dünne längliche Streifen schneiden. Oliven und Kapern abtropfen lassen. Die Petersilienblätter abzupfen.

FERTIGSTELLEN DER PIZZA

Den Backofen auf die höchste Stufe vorheizen. Ein Blech mit vorheizen. Den Teig auf der bemehlten Arbeitsfläche mit bemehlten Händen einmal durchkneten und in 4 gleich große Stücke teilen. Diese zu gleichmäßigen Kugeln rollen, ohne dass die Oberfläche reißt; die Kugeln sollen eine straffe Oberflächenspannung haben. Die Teigkugeln mit einem Nudelholz rund ausrollen, dabei immer wieder mit gerade so viel Mehl bestäuben, dass der Teig nicht klebt. Auf ein Backpapier legen. Zuerst mit Tomatensauce bestreichen, anschließend mit Tofukäse, Oliven, Kapern und Gemüse belegen und mit etwas Olivenöl beträufeln.
Die Pizza auf dem Backpapier auf ein Blech ziehen und im Backofen bei 250 Grad 8–10 Minuten backen. Für die letzten 5 Minuten Backzeit die Pizza ohne Backpapier auf ein Ofengitter ziehen und fertig backen. Nach dem Backen mit der frischen Petersilie garnieren.

Spinat-Gnocchi mit Orientlinsen und gebratenem Chicorée

SPINAT-GNOCCHI:
400 g mehligkochende Kartoffeln
400 g Spinat
Salz
Muskatnuss
3 EL Hefeflocken (von Naturata)
3 gehäufte EL Kartoffelmehl

GEMÜSE-JULIENNE:
½ Karotte
¼ Petersilienwurzel

ORIENTLINSEN:
30 g Gojibeeren (Wolfsbeeren)
200 g gelbe Linsen
½ TL Kurkuma
½ TL gemahlener Kardamom
Salz
3 EL Rapskernöl

MACADAMIA-THYMIAN-BUTTER:
½ Bund Thymian
70 g pflanzliche Margarine
100 g ungesalzene Macadamianüsse
Salz

SPINAT-GNOCCHI

Die Kartoffeln kochen, schälen und zu Brei stampfen. Den Spinat waschen, in gesalzenem Wasser blanchieren, in Eiswasser abschrecken, abtropfen und klein hacken. Den Spinat nochmals fest mit den Händen auspressen; er soll so trocken wie möglich sein. Den abgekühlten Kartoffelbrei mit dem Spinat mischen und mit Salz und geriebener Muskatnuss würzen. Hefeflocken und Kartoffelmehl gründlich einarbeiten und zum Binden 20 Minuten ruhen lassen.

Mit 2 Esslöffeln aus der Masse ein Probe-Klößchen formen und in leicht siedendes Salzwasser geben, um zu prüfen, ob der Teig gut zusammenhält. Falls es zerfällt, noch ein wenig Kartoffelmehl in den Teig arbeiten. Die Gnocchi formen und nach und nach in das Wasser geben, das nie kochen, sondern nur schön heiß vor sich hin dampfen soll. Wenn die ersten Gnocchi an die Oberfläche steigen, diese mit einer Schaumkelle herausheben und zum Ausdampfen auf ein Backblech legen; ein Schuss Öl dazugeben, während die restlichen Gnocchi garen.

GEMÜSE-JULIENNE

Das Gemüse schälen und in hauchdünne Streifen schneiden. In einem Topf mit kochendem Wasser (eventuell das Gnocchi-Wasser verwenden) 5 Sekunden blanchieren, dann in kaltem Wasser abschrecken.

ORIENTLINSEN

Die Gojibeeren in lauwarmem Wasser einweichen.

Die Linsen mit dem Kurkuma in reichlich Wasser gar kochen. Sobald sie gar sind, das Wasser abgießen und den Topf wieder mit kaltem Wasser auffüllen, dadurch stoppt der Garprozess. Die abgekühlten Linsen in ein Sieb abgießen und mit Kardamom, Salz und Öl würzen. Die abgetropften Gojibeeren dazugeben und abschmecken.

MACADAMIA-THYMIAN-BUTTER

Den Thymian von den gröberen Stielen befreien. Die Margarine in einer Pfanne schmelzen und die Nüsse darin leicht anrösten (die Pfanne soll nicht sehr heiß sein, da die Nüsse sehr leicht verbrennen). Gegen Ende des Röstens den Thymian dazugeben und 1 Minute mit braten. Mit Salz abschmecken und vom Herd nehmen.

GEBRATENER CHICORÉE:

4 kleine Chicorée
2 EL Olivenöl
Salz

GEBRATENER CHICORÉE

Den Chicorée längs vierteln. In einer Edelstahlpfanne mit Olivenöl bei großer Hitze 1 Minute scharf anbraten, wenden und salzen. Nach einer weiteren ½ Minute den Chicorée aus der Pfanne nehmen, damit er nicht zu weich wird.

ANRICHTEN

Die Gnocchi in der Macadamia-Thymian-Butter leicht anbraten. Einen Schöpf-löffel Linsen auf den Teller geben, die Gnocchi darauf anrichten. Macadamianüsse und Julienne-Gemüse darüber verteilen und den Chicorée rund herum legen.

Spinattorte mit Butternut-Kürbissauce

PFANNKUCHEN:

200 g Dinkelmehl
Type 630
350 ml Sojamilch natur
(von Natumi)
3 gehäufte TL Buch-
weizenmehl
1 EL Rohrohrzucker
Salz
1 TL Backpulver
4 EL Sonnenblumenöl

PFANNKUCHEN

Alle Zutaten bis auf Backpulver und Öl zu einem feinen, dünnen Teig verquirlen und möglichst ½ Stunde ruhen lassen. Erst jetzt das Backpulver dazugeben und noch einmal gut verrühren.

Das Öl in einer Pfanne erhitzen, eine Schöpfkelle voll Teig in die Pfanne geben und durch Schwenken zu einer dünnen Schicht verlaufen lassen. Ist der Pfannkuchen von einer Seite gebräunt, wenden und auf der zweiten Seite ebenfalls bräunen. Mit dem restlichen Teig ebenso verfahren, sodass es 7–8 Pfannkuchen ergibt. Diese auf einem Teller übereinander stapeln.

SPINATFÜLLUNG:

SPINATFÜLLUNG:
1 kg Spinat
¼ Muskatnuss
4 EL Olivenöl
Salz

TOFU-CREME:
150 g Tofu
4 EL Hefeflocken (von Naturata)
3 EL Olivenöl
Salz, Pfeffer aus der Mühle

BUTTERNUT-KÜRBISSAUCE:
300 g Butternut-Kürbis
2 EL Rapsöl
Salz
Saft von ½ Zitrone

DEKORATION:
1 rote Strauchtomate
1 gelbe Tomate
1 grüne Tomate

SPINATFÜLLUNG
Den Spinat waschen und abtropfen lassen. Falls nötig von den Stielen den rosa Wurzelteil entfernen. In einem großen Topf Salzwasser zum Kochen bringen, den Spinat hineingeben und herunterdrücken, bis er ganz von Wasser bedeckt ist. Sofort wieder abgießen und in kaltem Wasser abschrecken. Abtropfen lassen und in grobe Streifen schneiden. Mit den Händen das restliche Wasser gut ausdrücken. Den Spinat mit geriebener Muskatnuss, Olivenöl und Salz würzen.

TOFU-CREME
Den Tofu mit den Händen grob zerbröseln und zusammen mit den weiteren Zutaten in ein hohes Gefäß geben. Mit einem Pürierstab zu einer feinen Creme pürieren.

BUTTERNUT-KÜRBISSAUCE
Den Kürbis schälen und in grobe Stücke schneiden. In einem kleinen Topf zusammen mit 150 ml Wasser, Öl und Salz kochen. Sobald der Kürbis weich ist, mit einem Pürierstab pürieren. Mit etwas Zitronensaft abschmecken.

DEKORATION
Die Tomaten in 1–2 cm dicke Scheiben schneiden.

FERTIGSTELLEN DER SPINATTORTE
Einen Pfannkuchen auf ein mit Backpapier belegtes Blech geben und etwas Spinat gleichmäßig darauf verteilen. So weiterfahren, bis Pfannkuchen und Spinatfüllung aufgebraucht sind; mit einem Pfannkuchen abschließen. Die Tofu-Creme daraufstreichen und mit Tomatenscheiben garnieren. Einen Spritzer Olivenöl darüberträufeln und die Torte im Backofen bei 220 Grad 15 Minuten backen. Mit Kürbissauce servieren.

Alle lieben Pfannkuchen! Und so schön angerichtet, eignen sie sich super für eine Einladung, da man alles gut vorbereiten kann. Wenn die Gäste kommen, muss die Torte nur noch in den Backofen, bis sie heiß ist. So hat man Zeit für den Besuch, das Zusammensein, Gespräche. Essen beruhigt die Gemüter, man genießt, und auch schwierige Dinge lassen sich bei einem guten Essen einfacher besprechen.

Steinpilz-Pfifferling-Risotto mit überbackener Tomate und Spinat

STEINPILZ-PFIFFERLING-RISOTTO:

1 Karotte
½ Petersilienwurzel
3 EL Olivenöl
200 g Risottoreis
50 g getrocknete Steinpilze
50 ml Weißwein
100 g frische Pfifferlinge
2 Stangen Sellerie
½ Bund glatte Petersilie
2 Zweige Thymian
50 g Hefeflocken
Salz

STEINPILZ-PFIFFERLING-RISOTTO

Karotte und Petersilienwurzel schälen und in feine Würfel schneiden. Zusammen mit dem Öl, dem Reis und den Steinpilzen bei mittlerer Hitze in einem Topf anbraten. Unter ständigem Rühren den Weißwein dazugeben und einkochen. Erst jetzt mit Wasser aufgießen: immer nur eine halbe Tasse heißes Wasser dazugeben und wieder einköcheln lassen. Diesen Prozess des Aufgießens und Einkochens so lange wiederholen, bis der Reis al dente ist. Insgesamt benötigt man 450–500 ml Wasser und eine Garzeit von 15–18 Minuten.

Risotto ist ganz einfach zu machen – nur das Timing ist entscheidend. Wenn der Risotto gekocht und noch al dente ist, muss er sofort serviert werden. Er soll schön weich und saftig auf den Teller kommen, aber mit Biss. Es ist wohl der Italiener in meinem Blut, der darauf besteht, dass italienische Spezialitäten den Biss haben, für den sie bekannt sind. Im »Zerwirk«-Restaurant in München hatten wir sicher an die dreißig verschiedene Risotto-Kombinationen: Kürbis und Zitrone, Rote Bete und Sauerkirschen, Safran und Zucchini oder Wurzelgemüse mit grünem Spargel.

ÜBERBACKENE TOMATEN:	
4 Eiertomaten	
Salz	
2 EL Hefeflocken	
(von Naturata)	
2 EL Semmelbrösel	
½ TL gehackter Rosmarin	
2 EL Olivenöl	

SPINAT:	
300 g Spinat	
Salz	
½ Zitrone	
2 EL Olivenöl	
¼ Muskatnuss	

Während der Reis köchelt, die Pfifferlinge putzen und zum Reis geben. Die Selleriestangen in hauchdünne Scheiben schneiden und kurz bevor der Risotto gar ist, unterheben. Die Petersilie grob hacken, die Thymianblätter abzupfen. Kurz vor dem Servieren Petersilie, Thymian und Hefeflocken unterrühren und mit Salz abschmecken.
Falls nur frische Pilze zur Hand sind, sollten sie separat angebraten werden, und erst während der letzten Minuten im Risotto mitkochen.

ÜBERBACKENE TOMATEN

Die Tomaten halbieren, auf ein kleines Backblech legen und salzen. Hefeflocken, Semmelbrösel und Rosmarin darüberstreuen und etwas Olivenöl darüberträufeln. Die Tomaten bei 250 Grad 8 Minuten backen.

SPINAT

Den Spinat waschen und die Stiele entfernen. In einem großen Topf Salzwasser zum Kochen bringen, den Spinat hineingeben, nach einigen Sekunden wieder abgießen und in kaltem Wasser abschrecken. Abtropfen lassen und mit Zitronensaft, Olivenöl, geriebener Muskatnuss und Salz würzen.

ANRICHTEN

Den Spinat als Kreis auf dem Teller platzieren, die Mitte mit Risotto füllen und 1–2 gebackene Tomaten dazulegen.

Weisser Spargel und Rhabarber mit glasiertem Tofu, Kumquat-Dressing, Brokkoli und Kartoffelsalat

GLASIERTER TOFU:
400 g Tofu
4 EL Sonnenblumenöl
80 ml Tamari (japanische Sojasauce)
50 g Rohrohrzucker

KUMQUAT-DRESSING:
6 Kumquats
40 g Gojibeeren (Wolfsbeeren)
1 unbehandelte Zitrone
3 EL Reissirup
4 EL Sesamöl
Salz
30 g Ingwer

GLASIERTER TOFU

Den Tofu in ½ cm dicke Scheiben schneiden, auf einem kleinen Backblech auslegen und mit Sonnenblumenöl bepinseln. Das Tamari mit dem Zucker gründlich verrühren, bis der Zucker vollständig aufgelöst ist. Ein Drittel der Marinade über den Tofu gießen und im Backofen bei 160 Grad langsam backen. Nach 15 Minuten den Tofu alle 5–10 Minuten großzügig mit Marinade bepinseln, bis sie aufgebraucht ist. Der Tofu soll zum Schluss schön glänzen. Den Tofu einige Minuten auskühlen lassen.

KUMQUAT-DRESSING

Die Kumquats in sehr dünne Scheiben schneiden. Die Gojibeeren in lauwarmem Wasser einweichen. Die Zitrone waschen und etwas Schale in feinen Zesten abziehen.
Die Kumquats mit den Zitronenzesten, dem Reissirup, Öl und Salz anmachen. Den Ingwer fein reiben, auspressen und den Ingwersaft zu den Kumquats geben. Alles gut durchrühren und mit Salz abschmecken. Wenn die Gojibeeren weich sind, abgießen und unterrühren.

KARTOFFELSALAT MIT KRÄUTERMAYONNAISE:
800 g festkochende Kartoffeln
50 ml Sojamilch natur (von Natumi)
Saft von 1 Zitrone
1 EL Tamari (japanische Sojasauce)
Salz
150 ml Sonnenblumenöl
½ Bund glatte Petersilie

SPARGEL UND RHABARBER:
500 g weißer Spargel
Salz
1 Msp. Natron
3 Stangen Rhabarber

BROKKOLI:
1 kleiner Brokkoli
Salz
1 Msp. Natron
2 EL Olivenöl

MOHNBUTTER:
50 g pflanzliche Margarine
80 g Blaumohn
3 EL Hefeflocken (von Naturata)
Salz

KARTOFFELSALAT
Die Kartoffeln gar kochen, abgießen und in kaltem Wasser abschrecken. Die noch warmen Kartoffeln schälen und auskühlen lassen. Die kalten Kartoffeln in 7 mm dicke Scheiben schneiden.
Sojamilch, Zitronensaft, Tamari und Salz in ein hohes Gefäß geben und mit einem Pürierstab auf höchster Stufe pürieren. Dabei das Öl sehr langsam hinzugießen. Sobald die Mayonnaise das erste Mal stockt, kein Öl mehr hinzugeben. Die Petersilie zusammenrollen und fein schneiden, unter die Mayonnaise rühren und die Kartoffeln damit anmachen.

SPARGEL UND RHABARBER
Den Spargel schälen und die Enden frisch anschneiden. In kochendem Salzwasser mit Natron 5–8 Minuten (je nach Dicke der Stangen) garen. Mit einer Schaumkelle herausnehmen und in kaltem Wasser abschrecken.
Den Rhabarber schälen und in dünne Streifen schneiden; sie sollen die selbe Länge wie der Spargel haben. In kochendem Wasser 40 Sekunden blanchieren, dann sofort in kaltem Wasser abschrecken.
Das Kochwasser für den Brokkoli aufheben.
Spargel und Rhabarber vorsichtig miteinander vermengen und mit dem Kumquat-Dressing servieren.

BROKKOLI
Den Brokkoli in Röschen zerteilen und diese in kochendem Salzwasser mit Natron 3–4 Minuten knackig gar kochen. In Eiswasser abschrecken, abtropfen lassen und mit Olivenöl vermengen.

MOHNBUTTER
Die Margarine schmelzen, den Mohn dazugeben und 5 Minuten sanft rösten. Mit Hefeflocken und Salz abschmecken. Wenn die Butter etwas abgekühlt ist, mit 2 Teelöffeln kleine Nocken daraus formen und zum Brokkoli reichen.

ANRICHTEN

Den noch warmen Kartoffelsalat in kleinen Portionsschüsseln anrichten. Auf dem Teller 4 Scheiben Tofu mit der glasierten Seite nach oben auslegen. Spargel und Rhabarber darauf anrichten, den Brokkoli und eine Nocke Mohnbutter dazugeben. Das Kumquat-Dressing über den Spargel träufeln.

Glasierter Tofu: lecker. Kartoffelsalat: lecker. Brokkoli mit Mohnbutter: lecker. Spargel mal asiatisch: auch lecker. Und alles zusammen: einfach super! Rhabarber als Gemüse dazu, und das Essen ist eine wahre Geschmacksüberraschung. Diese Zusammenstellung ist ein Beispiel dafür, wie frei und variantenreich die Rezepte in diesem Buch kombiniert werden können. Aus jeder Vorspeise kann man einen Hauptgang machen und umgekehrt. Der Salat kann mit auf den Teller kommen, ein Sandwichaufstrich kann als Creme zu einem Hauptgang gereicht werden usw.

Thali

GEFÜLLTE AUBERGINE
(BRINJAL MASALA):
2 kleine Auberginen
2 EL Sonnenblumenöl
150 g Tofu
1 Karotte
½ TL Koriandersamen
¼ TL gemahlener
Kreuzkümmel
Salz
1 gelbe Tomate
1 Strauchtomate
½ Bund frischer Koriander
Saft von ½ Zitrone

GEFÜLLTE AUBERGINE

Die Auberginen halbieren. Einmal rundum das Fruchtfleisch von der Schale schneiden, mit einem Löffel auskratzen und in Stifte schneiden. Die Auberginenhälften mit der Öffnung nach oben auf ein kleines Backblech legen. Das Öl in einer Pfanne erhitzen und die Auberginenstifte darin anbraten. Den Tofu mit den Fingern zerbröseln und dazugeben. Die Karotten schälen, in feine Streifen schneiden und mitbraten. Die Gewürze dazugeben und salzen. Die Tomaten in dünne Spalten schneiden und 2 Minuten mitbraten. Die Pfanne vom Herd nehmen, den frisch geschnittenen Koriander und Zitronensaft beifügen und das Ganze in die Auberginenhälften füllen. Im Backofen bei 180 Grad 15 Minuten goldbraun backen.

INDISCHE MUSKATKÜRBIS-KRAUTWICKEL:

200 g Muskatkürbis
2 EL Sesamöl
1 TL gelbe Senfsamen
½ TL gemahlener Kreuz-
kümmel
Salz
6 Spitzkohlblätter
Saft von ½ Zitrone
½ Bund glatte Petersilie

ROTE-LINSEN-GEMÜSE:

150 g rote Linsen
2 EL Sonnenblumenöl
2 kleine Kartoffeln
½ Karotte
½ Zucchini
¼ gelbe Paprikaschote
¼ rote Paprikaschote
½ TL gemahlener
Kardamom
¼ TL Kurkuma
Salz
10 g Ingwer

JEERA-BASMATIREIS:

200 g Basmatireis
2 EL natives Sesamöl
1 TL Kreuzkümmel
(Jeera)
Salz

PFLAUMEN-CHUTNEY:

3 gelbe Pflaumen
3 rote Pflaumen
30 g Ingwer
Saft von ½ Orange
2 EL Rohrohrzucker
Salz
1 kleine rote Chilischote

MUSKATKÜRBIS-KRAUTWICKEL

Den Kürbis schälen und in grobe Würfel schneiden. In einer Pfanne das Öl erhitzen und den Kürbis darin zusammen mit den Gewürzen anbraten. Mit einem großen Schuss Wasser ablöschen und zugedeckt 8 Minuten bei kleiner Hitze garen.

In der Zwischenzeit Wasser zum Kochen bringen, die Kohlblätter damit übergießen, nach 3 Minuten abgießen und mit kaltem Wasser abschrecken.

Wenn der Kürbis gar ist, mit Zitronensaft und Salz abschmecken und die grob gehackte Petersilie dazugeben. Die Füllung auf die Kohlblätter verteilen und zusammenrollen. Bis zum Servieren warm stellen.

ROTE-LINSEN-GEMÜSE

Die Linsen gut waschen und in einem Sieb abtropfen lassen. Das Öl erhitzen und die Linsen auf kleinster Stufe leicht anschwitzen. Sämtliche Gemüse schälen, putzen, in feine Würfel schneiden und zu den Linsen geben, zwischendurch immer wieder umrühren. Zum Schluss die Gewürze und den geschälten, fein gehackten Ingwer beifügen, kurz weiterbraten und dann mit 400 ml Wasser aufgießen. Die Linsen alle paar Minuten umrühren, damit sie nicht ankleben, und so lange sanft kochen lassen, bis das Wasser aufgesogen ist. Dann den Topf vom Herd nehmen und mit geschlossenem Deckel fertig garen lassen.

JEERA-BASMATIREIS

Den Reis in einem feinen Sieb gut waschen und abtropfen lassen. In einen Topf mit Deckel geben und mit 300 ml Wasser zum Kochen bringen. Die Hitze reduzieren und 10 Minuten zugedeckt köcheln lassen. Vom Herd nehmen und weitere 10 Minuten quellen lassen. Danach Sesamöl, Kreuzkümmel und Salz vorsichtig unterheben, sodass ein flockiger Reis entsteht.

PFLAUMEN-CHUTNEY

Die Pflaumen halbieren, entsteinen und mit der Hautseite nach unten in eine Pfanne mit Deckel legen. Den Ingwer fein reiben, den Saft ausdrücken und über die Pflaumen verteilen. Den Orangensaft dazugeben und mit Zucker und Salz abschmecken. Die Chilischote halbieren, entkernen und in feine Streifen schneiden. In die Pfanne geben und zugedeckt etwa 5 Minuten bei mittlerer Hitze halb gar kochen. Vom Herd nehmen und ausdampfen lassen.

GURKEN-RAITA:

⅛ Salatgurke
125 g Sojajoghurt Natur
1 unbehandelte Orange
Salz

PAPADAMS:

4 Papadams
(fertige Linsenfladen)
4 EL Sonnenblumenöl

GURKEN-RAITA

Die Gurke horizontal halbieren und die Kerne mit einem Löffel herauskratzen. Die Gurke in feine Scheiben scheiden und mit dem Sojajoghurt verrühren. Die Orange waschen, etwas Schale in feinen Zesten abziehen und zum Joghurt geben. Erst kurz vor dem Servieren salzen; wird das Salz zu früh dazugegeben, sondert die Gurke zu viel Flüssigkeit ab.

PAPADAMS

Die Papadams einzeln in einer beschichteten Pfanne mit reichlich Öl bei hoher Hitze knusprig braten. Zum Wenden am besten eine Zange verwenden. Sie sollen keine Farbe bekommen, deshalb schnell arbeiten. Beim Backen werden die Papadams fast doppelt so groß. Nach dem Braten auf Küchenpapier abtropfen lassen. (Auf einem Gasherd können die Papadams auch trocken über der offenen Flamme gebacken werden.)

ANRICHTEN

Den Reis in eine kleine Schüssel drücken und auf den Teller stürzen. Die lauwarmen Krautwickel schräg aufschneiden und dazulegen, einen Schöpflöffel Linsengemüse und eine Aubergine dazugeben. Mit Raita und Chutney Farbkleckse machen und die Papadams dazu reichen.

Thali ist in Indien der Klassiker, und in echten indischen Tavernen gibt es oft nur Thali, und zwar »All-you-can-eat-Thali«. Aus großen Töpfen wird auf den Teller nachgeschöpft, was man sich wünscht: mehr Reis, Linsen, Chutney, Raita, Sabji-Gemüse und vieles mehr. Diese Orte habe ich nur gefunden, wenn ich mich verirrt hatte und keine Touristen weit und breit mehr zu sehen waren. Große Metallteller, Metallbecher, die Menschen in Lungis gekleidet und gerade von der Arbeit kommend. Es wird mit der rechten Hand gegessen, Besteck gibt es nicht und auch keine Dekoration. Doch das Essen ist unglaublich gut.

Pandan-Tofu mit rotem Quinoa, Palmkohl-Kürbis-Gemüse und Mangold

PANDAN-TOFU:
200 g Räuchertofu
200 g Tofu
5 EL Tamari (japanische
    Sojasauce)
2 EL Sonnenblumenöl
24 Pandanblätter
    (Duftpalme)

TAMARINDENSAUCE:
2 Karotten
½ Sellerieknolle
3 EL Sonnenblumenöl
20 g Ingwer
20 g frische Kurkuma-
    wurzel, ersatzweise
¼ TL gemahlene Kurkuma
2 EL Tomatenmark
150 ml Tamarindenpaste
Salz
8 schwarze Pfefferkörner
2 EL Agavendicksaft

ROTER QUINOA:
250 g roter Quinoa
1 Msp. Ascorbinsäure
    (Zitronensäure)
2 EL natives Sesamöl
Salz

PANDAN-TOFU

Den Räuchertofu in 12 gleich große Würfel schneiden. Den weißen Tofu ebenfalls in 12 gleich große Stücke schneiden, in einer beschichteten Pfanne mit Tamari und Öl kross anbraten und leicht auskühlen lassen. Die Tofuwürfel jeweils in ein Pandanblatt einwickeln und mit einem Zahnstocher fixieren.

Kurz vor dem Servieren die Tofupäckchen in einem Sieb über kochendem Wasser 5 Minuten dämpfen. So dringt der Geschmack der Pandanblätter in den Tofu, und er ist heiß, wenn er serviert wird.

TAMARINDENSAUCE

Das Gemüse schälen, in kleine Würfel schneiden und in Öl anbraten. Ingwer und Kurkuma schälen, zusammen mit dem Tomatenmark dazugeben und braten. Die Tamarindenpaste unterrühren und mit Wasser ablöschen; das Gemüse soll knapp bedeckt sein und langsam einkochen. Die Sauce mit Salz und grob zerstoßenen Pfefferkörnern würzen und etwa 15 Minuten garen lassen. Leicht pürieren und mit Agavendicksaft und Salz abschmecken.

ROTER QUINOA

Den Quinoa gut waschen und abtropfen lassen. Das Getreide mit 450 ml Wasser aufkochen lassen und die Ascorbinsäure dazugeben. Auf kleine Hitze zurückdrehen und mit geschlossenem Deckel 12 Minuten köcheln lassen. Herausnehmen und zum Auskühlen ausbreiten. Mit Öl und Salz würzen.

PALMKOHL-KÜRBIS-GEMÜSE:

1 kleiner Hokkaido-
Kürbis
40 g Ingwer
15 g frische Kurkuma-
wurzel, ersatzweise 3 Msp.
getrocknete Kurkuma
4 EL Olivenöl
Saft von ½ Zitrone
Salz
1 kleine rote Chilischote
300 g Palmkohl,
ersatzweise Grünkohl,
Wirsing oder Spinat
Salz
1 Msp. Natron
3 EL natives Sesamöl

REGENBOGEN MANGOLD:
300 g Regenbogen-
Mangold
Salz
1 Msp. Ascorbinsäure
2 EL Olivenöl

SCHWARZE SESAMSAUCE:
150 g schwarzes
Sesammus (Tahin)
Saft von 1½ Zitronen
2 EL Agavendicksaft
Salz

PALMKOHL-KÜRBIS-GEMÜSE

Den Kürbis halbieren und mit einem Löffel entkernen. Die Kürbis-hälften in dünne Halbmonde schneiden und auf einem Backblech aus-legen. Ingwer und Kurkuma zusammen mit Öl, Zitronensaft und Salz in einem kleinen Gefäß glatt pürieren. Die entkernte, in Streifen geschnittene Chilischote dazugeben. Den Kürbis mit der Gewürzpaste vermengen und bei 220 Grad im Backofen 8–10 Minuten backen.

Die dicke Mittelrippe der Palmkohlblätter mit einem scharfen Messer flach schneiden. Die Blätter in kochendem Salzwasser mit Natron 4 Minuten gar kochen und mit kaltem Wasser abschrecken. Nach dem Abgießen mit Sesamöl und Salz würzen.

Den gegrillten Kürbis auf den Palmkohlblättern servieren.

REGENBOGEN MANGOLD

Die Stiele des Mangolds vollständig, bis zur Blattspitze, herausschnei-den und schräg in dünne Streifen schneiden. In kochendem Salzwasser mit Ascorbinsäure 3 Minuten garen. Mit einer Schaumkelle herausge-ben und in kaltem Wasser abschrecken.
Die Mangoldblätter in 4 cm breite Streifen schneiden und nur kurz ins kochende Wasser geben. Nach einigen Sekunden herausheben und in kaltem Wasser abschrecken. Gut abtropfen lassen und mit Olivenöl und Salz abschmecken.

SCHWARZE SESAMSAUCE

Das Sesammus mit Zitronensaft, 70 ml Wasser und den restlichen Zutaten mischen und mit einem Schneebesen glatt rühren. Mit Salz ab-schmecken.

Schwarzes Sesammus ist nicht immer leicht zu bekommen. Um es selbst herzustellen, schwarzen Sesam anrösten, in kaltem Wasser über Nacht einweichen und am nächsten Tag abgießen. Mit den übrigen Zutaten im Standmixer zu einer feinen Sauce pürieren. So wird die Sauce nicht ganz so fein, aber genauso lecker.

ANRICHTEN

Sämtliche Gerichte in Schüsseln füllen und auftischen; jeder bedient sich selbst bei Tisch.

Vegan leben mit dem Discounter als Haupt-
einkaufsquelle mag zwar gehen, aber arten-
reich und vielfältig ist das nicht. Geht in Bio-
märkte, Asiamärkte, auf den Wochenmarkt,
baut eure eigenen Kräuter auf dem Balkon
an und, wenn ihr einen Garten habt, auch
Gemüse. Es gibt kein besseres Essen als das,
um das man sich selbst gekümmert und
mit dem man sich vertraut gemacht hat.
Für dieses Gericht muss man keinen Groß-
einkauf machen. Einfach eines nach dem
anderen im Bioladen, an den nächsten
Tagen im Asialaden und auf dem Wochenmarkt besorgen. »Palan palan«, langsam
langsam, sagt man in Indonesien.

Nachspeisen Törtchen und Kuchen

Mousse au Chocolat

230 g Zartbitterkuvertüre
(von Rapunzel)
400 ml Sojasahne
(von Natumi)
1 Päckchen Sahnesteif
Kakaopulver zum Garnieren

Die Kuvertüre klein hacken und in einem Wasserbad zum Schmelzen bringen. Die Sojasahne in einer großen Schüssel zusammen mit dem Sahnesteif aufschlagen (am besten in der Küchenmaschine), bis sie richtig fest ist und das doppelte Volumen hat. Die geschmolzene Kuvertüre einige Minuten auskühlen lassen, dann zügig unter die Sojasahne heben, bis eine gleichmäßig gefärbte Masse entstanden ist. Die fertige Masse in eine Servierschüssel füllen und durch ein feines Sieb Kakaopulver darüberstäuben. Für mindestens 2 Stunden kalt stellen, besser noch über Nacht.

Die Geschichte dieser dunklen Mousse au Chocolat ist toll. Wir wollten für den Abendservice eine Schokoladensauce als Dekoration eines Nachtischs machen. Also Sahne geschlagen, Schokolade rein, und dann im Kühlschrank vergessen. Am nächsten Tag zeigte mir meine Schwester die Schokoladensauce mit einem großen Grinsen im Gesicht: Voilà – Mousse au Chocolat! Wir haben das Rezept noch perfektioniert, und so wurde aus einer Schokoladensauce eine Mousse. – Das passiert doch oft im Leben: Man weiß nicht, was man tut, und am nächsten Tag ist es Mousse au Chocolat.

Obst-Vanille-Trifle

CRUMBLE:

75 g Buchweizenmehl
75 g gemahlene Mandeln
75 g Xylit
30 g ganze Mandeln
30 g Mandelblättchen
60 g pflanzliche Margarine

VANILLECREME:

500 g Sojajoghurt natur
100 g Xylit
½ Päckchen Vanillepuddingpulver (40 g)
150 ml Sojasahne (von Natumi)

BEEREN-MIX:

250 g Erdbeeren
200 g Blaubeeren
200 g rote Johannisbeeren
1 gelbfleischiger Pfirsich
80 g Xylit
10 g Vanillepuddingpulver

CRUMBLE

Alle Zutaten zu einem krümeligen Teig kneten und auf Backpapier bröseln. Im Backofen bei 140 Grad 25 Minuten knusprig backen. Herausnehmen und auskühlen lassen.

VANILLECREME

Den Sojajoghurt mit Xylit und Puddingpulver unter ständigem Rühren zum Kochen bringen. Die Sojasahne in der Küchenmaschine steif schlagen. Den Pudding wieder herunterkühlen, indem man ihn in einem kalten Wasserbad rührt, bis er Zimmertemperatur hat. Dann die geschlagene Sojasahne unterziehen.

BEEREN-MIX

Die Beeren putzen. Die Johannisbeeren abzupfen, die Erdbeeren halbieren und den Pfirsich in dünne Spalten schneiden. Das Obst in eine Schüssel geben und mit Xylit süßen.

Mit der nach einigen Minuten von den Früchten abgegebenen Flüssigkeit das Puddingpulver anrühren, in einen Topf geben und zum Kochen bringen, dabei mit einem Schneebesen gut rühren, bis das Puddingpulver andickt. Das Obst hineingeben und auf der ausgeschalteten Herdplatte noch einige Minuten im warmen Topf ziehen lassen.

ANRICHTEN

Den Crumble auf 4 Dessertgläser verteilen, mit einem Spritzbeutel oder mit 2 Esslöffeln die Vanillecreme daraufgeben und mit dem Beeren-Mix krönen. Bis zum Servieren kalt stellen.

Trifle ist ein englisches Dessert. Die Kombination aus Knusprigem, Sahnigem und Fruchtigem ist nichts Neues, aber das alles ohne Zucker und Gluten zu machen, war für mich doch neu. Damit ist dieser Trifle auch eher ein gesunder Genuss als eine Sünde – und dies, ohne dass man es ihm anmerkt oder ansieht.

Auf den Süßstoff Xylit wurde ich vor nicht allzulanger Zeit von Kochschülern aufmerksam gemacht. Er wird aus Birken hergestellt und daher auch Birkenzucker genannt.

Diese Creme ist auch ein super Brot-
aufstrich, da vegane Schokoladenauf-
striche sehr teuer sind und auf Brot
nicht so gut schmecken wie diese
Schokoladencreme.
Ich wollte etwas Schönes als Dekoration
und hatte Schokokörbchen, Keksstangen
und noch ein, zwei andere Dinge aus-
probiert. Wirklich zufrieden war ich aber
nicht. Da hat mir Oliver, der Fotograf
dieses Buches, sein eigenes Rezept von
Orangen-Mandel-Körbchen geschenkt.
Die goldene Farbe, der Duft von
Mandeln und Orange – das war es!

Schokoladencreme im Orangen-Mandel-Körbchen

SCHOKOLADENCREME:
200 g Zartbitterkuvertüre
50 ml Sojamilch Vanille
(von Natumi)
150 ml Sojasahne
(von Natumi)
½ TL Johannisbrotkern-
mehl (von Rapunzel)

**ORANGEN-MANDEL-
KÖRBCHEN:**
½ unbehandelte
Saftorange
55 g Rohrohrzucker
15 g Dinkelmehl Type 630
35 g gemahlene Mandeln
30 g pflanzliche
Margarine

SCHOKOLADENCREME

Die Kuvertüre in einem Wasserbad schmelzen. Die anderen Zutaten mit einem Pürierstab glatt rühren und unter die geschmolzene Schokolade heben. Die recht flüssige Masse 2 Stunden kalt stellen, bis sie eine feste Creme geworden ist.

ORANGEN-MANDEL-KÖRBCHEN

Die Orange waschen, etwas Schale abreiben und den Saft auspressen. Orangensaft und -schale mit allen weiteren Zutaten mit einem Rühr-gerät zu einem flüssigen Teig rühren.
Ein Backblech mit Backpapier auslegen, darauf mit einem Esslöffel mit reichlich Abstand Teigkleckse verteilen und zu 8 cm großen Teig-kreisen dünn ausstreichen. Im Backofen bei 170 Grad goldgelb backen. Aufpassen, der Zucker verbrennt leicht! Sobald die Kekse aus dem Ofen kommen, mithilfe einer Küchenzange in eine Tasse setzen und leicht hineindrücken, damit sie ihre Schalenform bekommen. Nach dem Erkalten bleibt die Form erhalten. Falls die Kekse schon zu hart geworden sind, noch einmal kurz in den Backofen geben, dann sind sie wieder biegsam.

ANRICHTEN

Die Schokoladencreme in die Orangen-Mandel-Körbchen füllen und sofort servieren.

Orangen-Vanille-Creme

VANILLECREME:

500 g Sojajoghurt natur
65 g Rohrohrzucker
25 g Vanillepudding-
pulver
3 gestrichene TL
Johannisbrotkernmehl
(von Rapunzel)

ORANGENSAUCE:

4 Orangen
1 Limette
1 TL Vanillepudding-
pulver
2 EL Rohrohrzucker
1 Vanilleschote, ausge-
kratzt
1 Zimtstange

VANILLECREME

Sojajoghurt, Zucker und Puddingpulver mit einem Schneebesen glatt rühren und bei mittlerer Hitze unter ständigem Rühren aufkochen. In einem kalten Wasserbad die Creme unter ständigem Rühren wieder abkühlen lassen. Das Johannisbrotkernmehl einrühren und kurz mit einem Pürierstab glatt einarbeiten.
4–6 Förmchen mit geschmacksneutralem Öl ausstreichen und die Masse bis zum oberen Rand einfüllen. Mit Frischhaltefolie abdecken und bis zum Servieren kalt stellen.

ORANGENSAUCE

Die Schale und Fruchthaut von 3 Orangen und der Limette entfernen und die Filets herauslösen. Die übriggebliebenen Fruchthäute und die vierte Orange auspressen. Das Puddingpulver und den Zucker mit dem Saft anrühren, bei kleiner Hitze zusammen mit Vanilleschote und Zimtstange zum Kochen bringen und einige Minuten kochen lassen. Erst kurz vor dem Servieren die Gewürze herausnehmen und die Zitrusfilets unterrühren.

ANRICHTEN

Die Vanillecreme mit den Fingern leicht vom Rand lösen und auf Dessertteller stürzen. Mit den Fruchtfilets garnieren und die Sauce darüberträufeln.

Wenn man auf das Wetter, die Temperatur und das innere Gefühl achtet, kann man mit Gewürzen im Essen Ausgleich und Balance schaffen. Es sind oft kleine Details, die entscheiden, welches Gefühl eine Speise in einem hinterlässt. Gewürze können dasselbe bewirken, was Worte aus dem Mund eines Menschen können: unangenehm sein oder schmeicheln.

Birnen-Vanille-Tartelettes

TEIG:
250 g Dinkelmehl
Type 630
125 g pflanzliche
Margarine (am besten
von Alsan)
100 g Rohrohrzucker
Margarine zum Fetten der
Förmchen

BELAG:
1 unbehandelte Orange
500 g Sojajoghurt natur
4 EL Rohrohrzucker
1 Päckchen Vanillepud-
dingpulver (40 g)
3 Birnen
2 Päckchen Vanillezucker
50 g Pekannüsse
4 EL Rohrohrzucker

TEIG

Alle Zutaten mit einem Rührgerät zu einem krümeligen Teig verarbeiten. 6 Tartelette-Förmchen (mit Boden zum Herausheben) mit Margarine einfetten und den Teig gleichmäßig darauf verteilen. Zuerst den Rand, dann den Boden leicht andrücken.

BELAG

Die Orange waschen und die Schale in feinen Zesten abziehen; den Saft auspressen. Orangenzesten, Sojajoghurt, Zucker und Pudding-pulver mit einem Schneebesen zu einer gleichmäßigen Creme verarbeiten.
Die Birnen schälen, entkernen und in dünne Scheiben schneiden. In etwas Orangensaft einlegen.

Die Creme auf die Törtchen verteilen, mit Birnen belegen und mit Vanillezucker bestreuen. Im Backofen bei 160 Grad 35 Minuten gold-gelb backen. 5 Minuten auskühlen lassen, dann die Törtchen noch warm aus den Förmchen heben.

Pekannüsse und Zucker in einer beschichteten Pfanne bei mittlerer Hitze karamellisieren. Die Nüsse sollen ganz von geschmolzenem Zucker umhüllt sein, jedoch ohne, dass der Zucker verbrennt. Die karamellisierten Nüsse auf Backpapier ausbreiten und mit zwei Löffeln voneinander lösen. (Zum Reinigen der Pfanne etwas Wasser hinein-geben und wieder auf den Herd stellen, so löst sich der Zucker am ein-fachsten.)

Die Tartelettes noch warm, mit den Nüssen garniert, servieren.

Kaum zu glauben, dass ich bis vor wenigen Jahren noch nicht wusste, wie ich überhaupt vegan backen soll und jetzt bereits an die 200 verschiedene Kuchenrezepte habe. Diese Tartelettes gehören zu den ersten veganen Kuchen, die ich gebacken habe. Ich hatte Tartelette-Förmchen gekauft, weil mir die Formen gefallen hatten. Was ich damit anfangen würde, wusste ich noch nicht. Doch steck den Surdham nur lange genug in eine Küche, und es wird garantiert etwas Leckeres heraus-kommen!

Schokoladen-Bananen-Cupcakes

TEIG:
160 g pflanzliche Margarine
160 g Rohrohrzucker
130 g Dinkelmehl Type 630
1 Päckchen Backpulver
70 g Kakaopulver
125 g gemahlene Mandeln
5 Bananen (340 g geschält)
Margarine zum Fetten der Förmchen

DEKORATION:
250 g Zartbitterkuvertüre
1 Banane
1 EL Zitronensaft

TEIG

Alle Zutaten mit einem Rührgerät zu einem glatten Teig rühren. Cupcake-Formen großzügig mit Margarine einfetten und den Teig mit 2 Esslöffeln locker und gleichmäßig in die Mulden verteilen. Die Cupcakes im Backofen bei 155 Grad 30 Minuten backen. Vorsichtig aus der Form heben und zum Auskühlen auf ein Gitter legen.

DEKORATION

Die Kuvertüre klein hacken und in einem Wasserbad bei niedriger Hitze schmelzen. Die abgekühlten Cupcakes kopfüber eintauchen. Die Banane schälen, schräg in Scheiben schneiden und diese mit Zitronensaft bepinseln. Jeweils eine Bananenscheibe waagerecht auf die Cupcakes setzen und eine zweite, bis zur Hälfte eingeschnittene Scheibe vertikal daraufstecken. Etwas flüssige Schokolade über die Bananen träufeln.

Am Anfang meiner »Kuchenbäcker-Karriere« habe ich noch geschummelt und mit Backmischungen gearbeitet – irgendwie musste ich mich erst mit der Materie vertraut machen. Als ich langsam anfing zu verstehen, wie der Teig sich anfühlen muss – wie weich, wie fest, wie saftig –, begann ich zu variieren. So kam es zu einem Schoko-Bananen-Kuchen mit Schokoladenglasur und gehackten Mandeln obendrauf. Lecker. Als Cupcakes fand ich den Kuchen noch besser. Da begann ich, eigene Rezepte zu entwickeln, und mittlerweile backe ich ohne Rezepte, einfach nach Gefühl.

Stachelbeer-Cupcakes

TEIG:

310 g Weizenmehl
Type 550
200 ml Reismilch
130 g pflanzliche
Margarine
110 g Rohrohrzucker
½ TL Natron
24 rote Stachelbeeren

CREME:

1 unbehandelte Saftorange
130 g pflanzliche
Margarine
90 g Rohrohrzucker
100 ml Reismilch
200 ml Sojasahne
(von Natumi)

TEIG

Alle Zutaten bis auf das Natron und die Stachelbeeren in der Küchen-maschine gut 3 Minuten zu einem glatten Teig rühren. Erst zum Schluss das Natron dazugeben und noch einmal aufschlagen, damit es sich gut verteilt.
Die Cupcake-Formen mit Papierförmchen auslegen und gleichmäßig mit Teig füllen. Jeweils eine Stachelbeere tief in den Teig drücken. Die restlichen 12 Stachelbeeren zum Dekorieren beiseitestellen. Im Backofen bei 150 Grad 25 Minuten backen und auf einem Kuchengitter auskühlen lassen.

CREME

Die Orange waschen, die Schale in möglichst feinen Zesten abziehen; den Saft auspressen. Die Orangenzesten auf einem mit Backpapier ausgelegten Blech verteilen. Direkt nach dem Backen der Cupcakes im ausgeschalteten Backofen etwa 10 Minuten trocknen lassen.
Die Margarine mit Zucker, Reismilch und Orangensaft zu einer glatten Creme verrühren. Das dauert einige Minuten; nicht verzagen, einfach weiterrühren, bis es cremig wird. Die Sojasahne in der Küchenma-schine steif schlagen. Dann die Margarinemasse hinzugeben und rühren, bis eine gleichmäßige Creme entstanden ist.

FERTIGSTELLEN DER CUPCAKES

Die Creme in einen Spritzbeutel füllen und die ausgekühlten Cupcakes damit dekorieren. Zum Schluss eine Stachelbeere darauf-setzen und wenig getrocknete Orangenzesten darüberstreuen.
Damit die Creme schön fest ist und noch besser schmeckt, die Cupcakes 1 Stunde in den Kühlschrank stellen.

In die Suche nach einer anständigen Cupcake-Creme habe ich einige Zeit investiert. Diese weiße Creme ist einfach göttlich, ein bisschen wie Eiskonfekt, aber ohne Schokolade. Am besten schmeckt sie direkt aus dem Kühlschrank: frisch, cremig, weich und doch etwas zum Beißen dran. Welches Obst verwendet wird, um Geschmack und Farbe zu geben, ist egal – denn auf Weiß schaut alles gut aus!

Apfel-Kokos-Kuchen

MÜRBETEIG:
165 g pflanzliche Margarine
135 g Rohrohrzucker
330 g Dinkelmehl Type 630
Margarine zum Einfetten der Form

FÜLLUNG:
80 g große Kokosflocken
5 Äpfel
Saft von 1 Zitrone
1 Päckchen Vanillepuddingpulver (40 g)
3 EL Rohrohrzucker

MÜRBETEIG

Mit einem Rührgerät Margarine und Zucker verrühren und langsam das Mehl dazugeben, bis ein krümeliger Teig entstanden ist.
Eine große Tarteform gut einfetten und Dreiviertel des Mürbeteigs locker hineingeben. Zuerst den Rand, dann den Boden andrücken, aber nicht zu fest, damit sich der Kuchen nach dem Backen gut aus der Form löst.

FÜLLUNG

Die Kokosflocken in warmem Wasser einweichen. Die Äpfel vierteln, entkernen und grob geschnitten zusammen mit Zitronensaft, Puddingpulver und Zucker in einer Schüssel verrühren.

Die Apfelmasse auf den Tortenboden geben. Die Kokosflocken abtropfen lassen, mit dem restlichen Viertel des Teigs locker vermengen und den Kuchen damit dekorieren. Im vorgeheizten Backofen bei 160–170 Grad 40 Minuten goldbraun backen. Den Kuchen noch warm vorsichtig aus der Form heben. Wenn er kalt ist, bricht er leicht und klebt auch fester an der Form.

Das ist ein Kuchen, der superleicht variiert werden kann. Will man etwas Neues ausprobieren – anderes Obst, andere Nüsse, anderes Mehl –, er funktioniert eigentlich immer. An diesem Rezept kann man sich austoben und ausprobieren. Doch was gibt es Besseres als einen einfachen Apfelkuchen mit ein paar Kokosflocken?

Schoko-Avocado-Torte

MÜRBETEIG:
250 g Dinkelmehl
Type 630
30 g Kakaopulver
125 g pflanzliche
Margarine
100 g Rohrohrzucker
Margarine zum Einfetten
der Form
1 kg getrocknete Bohnen
zum Blindbacken

AVOCADOCREME:
3 reife Avocados
Saft von 1 Zitrone
4 EL Rohrohrzucker
6 EL geschmacksneutrales
Pflanzenöl
3 gestrichene TL
Johannisbrotkernmehl
(von Rapunzel)

SCHOKOCREME:
200 g Zartbitterkuvertüre
100 ml Sojamilch Vanille
(von Natumi)
1 gestrichener TL
Johannisbrotkernmehl
(von Rapunzel)

MÜRBETEIG

Alle Teigzutaten mit einem Knethaken zu einem festen, krümeligen Teig vermengen. Eine Springform einfetten und den Teig gleichmäßig darin verteilen. Zuerst den Rand, dann den Boden andrücken, aber nicht zu fest, damit sich der Tortenboden nach dem Backen gut aus der Form löst. Mit Backpapier auslegen und mit Bohnen zum Blindbacken beschweren, damit die Teigränder beim Backen nicht herunterrutschen. Im Backofen bei 160 Grad 30 Minuten backen. Herausnehmen und dem Rand entlang von der Form lösen, den Springform-Rand lösen und leicht anheben, den Formboden entfernen und den Ring wieder schließen. Den Ring bis nach dem Auftragen der Cremes nicht entfernen. Den Tortenboden auskühlen lassen.

AVOCADOCREME

Die Avocados halbieren, entsteinen und das Fruchtfleisch mit einem Löffel aus der Schale lösen. Das Avocadofleisch mit Zitronensaft, Zucker, Öl und Johannisbrotkernmehl mischen und mit dem Pürierstab zu einer sehr feinen Creme pürieren.

SCHOKOCREME

Die Kuvertüre im Wasserbad vorsichtig schmelzen. Mit Sojamilch und Johannisbrotkernmehl zu einer feinen Creme pürieren.

FERTIGSTELLUNG

Die Avocadocreme gleichmäßig auf dem Tortenboden verteilen und mit der Schoko-Creme übergießen, sodass keine Avocadocreme mehr zu sehen ist (sie wird sonst sehr schnell braun). Den Kuchen vor dem Servieren eine gute Stunde kalt stellen.

Eigentlich stammt die Idee, Avocado und Schokolade zu kombinieren, aus Indonesien. Dort gibt es einen Avocado-Shake, der mit Schokosauce serviert wird. Nach einem längeren Bali-Aufenthalt hatte ich mich sehr an den Drink gewöhnt, den ich mir täglich als Nachtisch bestellt hatte. Zurück aus dem Urlaub und wieder in der Küche, wollte ich meinen Gästen den Genuss meiner Urlaubserinnerung nicht vorenthalten. Und so erfand ich diese Torte. Die Farben und der Geschmack sind einmalig!

Schokomousse-Torte

MÜRBETEIG:
250 g Dinkelmehl
Type 630
125 g pflanzliche
Margarine
30 g Kakaopulver
140 g Rohrohrzucker
Margarine zum Einfetten
der Form

SCHOKOCREME:
60 g Zartbitterkuvertüre
600 ml Sojamilch Vanille
(von Natumi)
3 gehäufte EL
Kakaopulver
1 Päckchen Vanillepud-
dingpulver (40 g)
1 Msp. Agar-Agar

SCHOKOMOUSSE:
400 ml Sojasahne
(von Natumi)
250 g Zartbitterkuvertüre
1 Päckchen Sahnesteif

FERTIGSTELLUNG:
35 g Zartbitterschokolade

MÜRBETEIG

Alle Zutaten mit einem Knethaken zu einem festen Teig verarbeiten. Eine Springform großzügig mit Margarine einfetten. Mit dem Teig auskleiden, dabei zuerst den Rand andrücken und dann den Boden.

SCHOKOCREME

Die Kuvertüre grob hacken und zusammen mit den anderen Zutaten in einem hohen Gefäß pürieren. Die Schokocreme kurz aufschlagen und auf den Teigboden gießen. Die Füllung ist sehr flüssig, wird den Teig aber dennoch nicht aufweichen. Im Backofen bei 160 Grad 40 Minuten backen. Den Tortenboden 5 Minuten auskühlen lassen. Dann dem Rand entlang von der Form lösen, den Springform-Rand lösen und leicht anheben, den Formboden entfernen und den Ring wieder schließen.

SCHOKOMOUSSE

In einer Küchenmaschine die Sojasahne mit Sahnesteif aufschlagen. Die Kuvertüre in einem Wasserbad langsam schmelzen. Die flüssige Kuvertüre zur geschlagenen Sahne gießen und mit einem Gummi-Teigschaber vorsichtig, aber zügig unterheben, bis die Masse gleichmäßig hellbraun ist. Die Schokomousse sofort auf dem Tortenboden verstreichen.

FERTIGSTELLUNG:

Die Schokolade fein schneiden, auf der Torte verteilen und 2 Stunden kalt stellen.

Ein Evergreen. Diese Torte ist auf jedem Geburtstag und jeder Party ein Hit und begeistert alle: Veganer, Vegetarier und normale Allesesser. Jeder, der Schokolade mag, wird sich in diese dreischichtige Kombination verlieben. Schoko-keks, Schokocreme und Schokomousse – alles in einem, und dazu auch noch sagenhaft einfach zu machen!

White Chocolate Lemon Tarte

MÜRBETEIG:
125 g pflanzliche Margarine
100 g Rohrohrzucker
225 g Dinkelmehl Type 630
Margarine zum Einfetten der Form
1 kg getrocknete Bohnen zum Blindbacken

MÜRBETEIG

Die Margarine mit dem Zucker schaumig rühren, dabei nach und nach das Dinkelmehl dazugeben, bis ein fester Teig entsteht. Eine Springform einfetten und mit dem Mürbeteig auskleiden. Backpapier auf den Teig legen, sodass der Teig vollständig bedeckt ist, die Bohnen daraufgeben und gut bis in die Ecken verteilen. Im Backofen bei 160 Grad 35 Minuten blind backen.

Nachdem meine Schwester die braune Schokomousse erfunden hatte, hat es sechs Jahre gedauert, bis ich eine weiße Schokomousse entwickelt habe. Es hat stetig in mir gebrodelt, bis mir im Schlaf die Idee kam, wie es funktionieren könnte. Da vegane weiße Schokolade grundsätzlich sehr süß ist, ließ sich die dunkle Schokolade nämlich nicht einfach gegen weiße austauschen. So habe ich dann einfach die Creme mit Joghurt verlängert. In dieser Tarte schmeckt die Creme super! Sie ist ein wahrer Sommergenuss – einfach himmlisch und leicht.

ZITRONEN-DEKORATION:
40 g Zucker
2 unbehandelte Zitronen

WEISSE SCHOKOMOUSSE:
400 ml Sojasahne
(von Natumi)
3 unbehandelte Zitronen
400 ml Sojamilch Vanille
(von Natumi)
2 Päckchen Vanillepud-
dingpulver (à 40 g)
1 EL Rohrohrzucker
1 Msp. Agar-Agar
200 g weiße Reismilch-
Schokolade

ZUR FERTIGSTELLUNG:
30 g weiße Reismilch-
Schokolade

Den Tortenboden dem Rand entlang von der Form lösen und auf eine Kuchenplatte setzen. Den Springform-Rand lösen und entfernen. Das Backpapier mitsamt den Bohnen aus der Form heben. Den Tortenboden auskühlen lassen.

ZITRONEN-DEKORATION

Den Zucker in 30 ml Wasser auflösen. Die Zitronen waschen, in hauchdünne Scheiben schneiden und einmal kurz durch das Zuckerwasser ziehen. Auf einem mit Backpapier ausgelegten Backblech verteilen und im Backofen bei 50 Grad 20 Minuten backen. Nach 10 Minuten wenden.

WEISSE SCHOKOMOUSSE

Die Sojasahne in der Küchenmaschine steif schlagen. Die Zitronen waschen und die Schale abreiben; den Saft auspressen. Zitronensaft und Sojamilch mit einem Schneebesen verquirlen. Puddingpulver, Zucker und Agar-Agar dazugeben und unter ständigem Rühren zum Kochen bringen. Den Topf vom Herd nehmen und die in Stücke gebrochene weiße Schokolade dazugeben. Während die Creme auskühlt, immer wieder mit einem Schneebesen durchrühren. Wenn sie handwarm ist, ein Drittel der geschlagenen Sojasahne unterrühren. Die abgeriebene Zitronenschale dazugeben und die restliche Sahne unterheben. Sobald die Masse homogen ist, auf den vorgebackenen Boden geben, glatt streichen und kalt stellen.

FERTIGSTELLUNG

Die gebackenen Zitronenscheiben auf der Schokomousse auslegen, die Schokolade in feine Splitter schneiden oder hobeln und auf der Tarte verteilen.

Aprikosen-Datschi

HEFETEIG:
125 ml Sojamilch Vanille
(Natumi)
250 g Dinkelmehl
Type 630
40 g pflanzliche
Margarine
60 g Rohrohrzucker
10 g Frischhefe

BELAG:
700 g Aprikosen
500 g Sojajoghurt natur
1 Päckchen Vanille-
puddingpulver (40 g)
40 g Rohrohrzucker
1 Msp. Agar-Agar
Zucker zum Bestreuen

HEFETEIG

Aus Sojamilch, Mehl, Margarine, Zucker und Hefe einen elastischen Teig kneten, mit Frischhaltefolie abdecken und ½ Stunde an einem warmen Ort gehen lassen.

BELAG

Die Aprikosen halbieren und entsteinen.
Den Sojajoghurt mit Puddingpulver, Zucker und Agar-Agar glatt rühren.

FERTIGSTELLUNG

Den Teig noch einmal durchkneten und auf bemehltem Backpapier ausrollen. Das Backpapier mit dem Teig auf ein Backblech heben, mit der Joghurtcreme bestreichen und die Aprikosenhälften mit der Schnittseite nach oben darauf verteilen. Noch einmal 10 Minuten gehen lassen und dann mit etwas Zucker bestreuen. Im Backofen bei 160 Grad 35 Minuten backen.

Ein Klassiker, leicht abgewandelt: Statt Zwetschgen und Brösel gibt es den Datschi hier mit Aprikosen und Vanillecreme. Geschlagene vegane Sahne, die pur lecker schmeckt, habe ich noch nicht entdeckt. Es gibt zwar einige Hersteller, die sich daran versuchen, doch so richtig konnten sie mich nicht überzeugen. Damit dieser Datschi auch ohne Schlagsahne super schmeckt, gibt es die Vanillecreme, die ihn schön weich und saftig macht. Außerdem weicht so der Boden vom Saft der Aprikosen nicht durch.

Mohnstriezl

FÜLLUNG:
180 g Blaumohn
70 g Rohrohrzucker

HEFETEIG:
5 g Frischhefe
100 ml Sojamilch Vanille
(Natumi)
60 g Rohrohrzucker
40 g pflanzliche
Margarine
200 g Dinkelmehl
Type 630
Puderzucker

FÜLLUNG

Den Mohn in 1 l Wasser ½ Stunde köcheln lassen, dann abgießen. Mit dem Zucker vermengen und mit einem Pürierstab so lange pürieren, bis der Mohn aufplatzt und die Masse gräulich wird.

HEFETEIG

Die Hefe in zimmerwarmer Sojamilch auflösen. Zucker, Margarine und Mehl dazugeben und alles zu einem seidigen Hefeteig kneten. Mit Frischhaltefolie abgedeckt an einem warmen Ort ½ Stunde gehen lassen. Noch einmal vorsichtig durchkneten und auf bemehltem Backpapier ausrollen.

Die Mohnmasse gleichmäßig auf dem Teig verteilen und mithilfe des Backpapiers zu einer großen Rolle aufrollen, ohne dass die Füllung herausquillt. Das Backpapier anschließend wieder flach auslegen und die Rolle damit auf ein Backblech heben. Die Enden der Rolle zusammendrücken und versiegeln. Den Striezl längs aufschneiden und die beiden Stränge ineinander verdrehen. Noch einmal luftdicht abgedeckt gehen lassen, bis der Striezl merklich größer geworden ist. Im Backofen bei 160 Grad 40–50 Minuten goldbraun backen. Während des Backens die Teigoberfläche einige Male mit Sojamilch bepinseln, damit am Schluss ein schöner Glanz entsteht. Den Striezl auskühlen lassen und mit Puderzucker bestäuben.

Mohnstriezl ist so lecker! Aber die meisten Mohnstriezl scheinen nur aus Hefeteig zu bestehen und haben nur wenig mit Mohn zu tun. Für mich soll es einfach ein richtiger Mohnstriezl sein: halb Mohn, halb Striezl. Statt mit Mohn schmeckt der Striezl auch mit gemahlenen Mandeln. Diese braucht man lediglich mit Reismilch oder Orangensaft und Zucker zu einer Paste zu vermengen.

Schwarzer Sesamkuchen

TEIG
300 g schwarzer Sesam
500 ml Reismilch
80 g Agavendicksaft
120 ml geschmacks-
neutrales Pflanzenöl
100 g Buchweizenmehl
250 g geriebene Mandeln
1 Päckchen Backpulver
Margarine zum Einfetten
der Form

GLASUR:
50 g Agavendicksaft
100 g Tahin

TEIG

Den Sesam in der Reismilch ½ Stunde einweichen. Agavendicksaft, Öl, Buchweizenmehl und Mandeln vermengen. Wenn der Sesam aufgequollen ist, mit einem Pürierstab einige Minuten pürieren. Gut zwei Drittel der Sesammasse zum Rührteig geben und so lange schlagen, bis ein glatter Teig entsteht. Dann das Backpulver einarbeiten und den Teig in eine gefettete quadratische Backform füllen. Im Backofen bei 160 Grad 40 Minuten backen. Während des Backens die Glasur vorbereiten.

GLASUR

Das letzte Drittel der Sesammasse mit etwas Agavendicksaft süßen, das Tahin dazugeben und die Masse pürieren.

Den Kuchen in der Form auskühlen lassen. Dann stürzen, vorsichtig umdrehen und mit der Glasur bestreichen. Vor dem Servieren die Glasur 1 Stunde anziehen lassen.

Ein Kuchen, der ohne Kristallzucker und glutenhaltiges Mehl auskommt! Das Grundrezept hat eine australische Freundin erfunden, die mir in der Küche des »Tushita Teehaus« beim Backen half. Am Anfang war dieser Kuchen etwas trocken; so kam die tolle schwarz glänzende Glasur dazu, die dem Kuchen Feuchtigkeit gibt. Farbe und Geschmack sind echt unglaublich. Danke, Esther.

Wichtig: Der Teig muss sehr lange gerührt werden. Sonst hält das Mehl den Kuchen nicht genügend gut zusammen, oder er geht gar nicht erst auf. Nach dem Backen muss der Kuchen in der Form gut auskühlen, bevor er aus der Form genommen wird. Wenn er noch heiß ist, fällt er sehr leicht auseinander.

Tefftörtchen mit Vanillecreme und Blaubeersauce

FÜR 6 KLEINE TÖRTCHEN VON 8 CM DURCHMESSER

TÖRTCHENBODEN:
80 g pflanzliche Margarine
140 g Teffmehl
150 ml Reismilch
50 g Agavendicksaft
½ TL Natron
Margarine zum Einfetten der Förmchen

TÖRTCHENBODEN

Die Förmchen einfetten. Alle Zutaten außer dem Natron mit einem Rührgerät zu einem glatten, leicht flüssigen Teig verrühren. Je länger der Teig gerührt wird, desto besser hält er zusammen. Abschließend das Natron gut unterrühren. Den Teig gleichmäßig auf die Törtchen-formen verteilen. Im Backofen bei 140 Grad etwa 40 Minuten backen.

VANILLECREME:

200 g Sojasahne
(von Natumi)
500 g Sojajoghurt natur
50 g Xylit
1½ Päckchen Vanille-
puddingpulver (60 g)
2 Msp. Agar-Agar

BLAUBEERSAUCE:

50 ml Apfelsaft
2–3 EL Agavendicksaft
½ Päckchen Vanillepud-
dingpulver (20 g)
1 Msp. Agar-Agar
400 g kleine Blaubeeren

VANILLECREME

Die Sojasahne steif schlagen. Den Sojajoghurt mit den übrigen Zutaten klümpchenfrei glatt rühren und unter ständigem Rühren so lange erhitzen, bis eine gleichmäßige Creme entstanden ist. Sobald diese aufgekocht ist, im kalten Wasserbad weiterrühren, bis sie nur noch handwarm ist. Die geschlagene Sojasahne unterheben.

BLAUBEERSAUCE

In einem Topf den Apfelsaft mit Agavendicksaft, Puddingpulver und Agar-Agar verrühren und zum Kochen bringen. Nach dem Aufkochen vom Herd nehmen und die Blaubeeren unterheben.

FERTISTELLUNG

Die Törtchenböden mit einem Konditormesser waagerecht in zwei gleichmäßig dicke Böden von 1½ cm Stärke schneiden. Vorsicht, die Böden brechen leicht! (Eventuelle Reste kann man zum Beispiel für Trifle verwenden, siehe Seite 152.) Einen Törtchenboden zurück in die Backform legen. Mit einem Spritzbeutel einen Teil der Vanillecreme darauf verteilen und mit etwas Blaubeersauce bestreichen. Den zweiten Törtchenboden darauflegen und wieder Creme und Blaubeersauce daraufgeben. Mit den anderen Tortenböden ebenso verfahren. 1 Stunde in den Kühlschrank stellen. Vorsichtig aus den Förmchen heben und servieren.

Teff ist eine Hirseart aus Äthiopien, die wegen ihrer
kleinen Körnergröße auch Zwerghirse genannt
wird. Das glutenfreie Teffmehl hat einen angenehm
nussig-süßen Geschmack, macht jedoch Gebäck
ein bisschen bröselig. Deshalb habe ich die Creme und
Früchte dazu rezeptiert; so ist alles saftig und frisch.
Damit die weiße, zuckerfreie Vanillecreme dieser
kleinen, süßen, hübschen Törtchen ihre Farbe behält
und nicht bräunlich wird (wie es z. B. mit Agavendicksaft passiert), verwende ich hier Xylit (Birkenzucker)
als Süßungsmittel.

Pfirsich-Mohn-Kuchen

MÜRBETEIG:
100 g pflanzliche
Margarine
100 g Xylit
160 g Buchweizenmehl

MOHNCREME:
150 g Dampfmohn
100 ml Reismilch
3 EL Agavendicksaft
1 EL Puddingpulver

VANILLECREME:
500 ml Sojajoghurt natur
2 EL Xylit
1 EL Puddingpulver
1 Msp. Agar-Agar

OBSTSCHICHT:
Saft von ½ Zitrone
1 EL Puddingpulver
2 EL Xylit
3 gelbe Pfirsiche

MÜRBETEIG

Alle Zutaten in der Küchenmaschine zu einem festen Mürbeteig kneten. Die Maschine etwas länger kneten lassen, damit der Teig gut zusammenhält. Eine quadratische Backform von 20 cm Seitenlänge (oder eine runde Form von 26 cm Durchmesser) mit Backpapier auslegen. Mit dem Teig zuerst einen etwa 5 cm hohen Rand bilden und diesen andrücken. Dann den Boden der Form mit Teig auslegen und leicht andrücken.

MOHNCREME

Die Zutaten klümpchenfrei verrühren und gleichmäßig auf dem Tortenboden verteilen.

VANILLECREME

Die Zutaten ebenfalls klümpchenfrei verrühren und gleichmäßig auf der Mohncreme verteilen.

OBSTSCHICHT

Zitronensaft, Puddingpulver und Xylit klümpchenfrei verrühren. Die Pfirsiche halbieren, entsteinen und in dünne Halbmonde schneiden. In die Zitronensaftmischung legen, einmal durchrühren und die Pfirsichspalten gleichmäßig auf der Vanillecreme verteilen. Den Saft darübergießen und den Kuchen im vorgeheizten Ofen bei 150 Grad 45 Minuten backen.
Gutes Auskühlen stellt sicher, dass die Creme nicht reißt.

Es war Sommer, und wir hatten herrliche Pfirsiche im »Tushita Teehaus«, die trotz Kühlung auf dem Weg waren, überreif zu werden. Was tun? Schnell eine Vanillefüllung gemacht, die Pfirsiche darauf, ab in den Backofen und dann gleich nach vorne in die Theke. Der Kuchen hat keine zwei Stunden überlebt! Ich konnte den ersten Kuchen nicht einmal probieren, so schnell war er weg. Nicht nur ein gluten- und zucker-freier Kuchen, sondern einer mit anderen, interessante-ren Zutaten: Buchweizenmehl und Agave statt Weizen und Zucker.

Rezeptverzeichnis

(Farbige Rezeptbestandteile sind gluten- und zuckerfrei.)

Rezepte von A bis Z

Oliver, Surdham, Martin und Steffi.

Danksagung

Herzlichsten Dank an alle, die mich unterstützt haben, um dieses Buch
zu verwirklichen.

Besonderer Dank an:

Michael und Sybille vom AT Verlag in München
Monika, Adrian, Martina, Christine, Liliane, Gina und dem ganzen Team des
AT Verlags in der Schweiz für ihr herzliches Bemühen, dieses schöne Buch zu gestalten
Urs für das Vertrauen
Oliver, Steffi und Martin von Brachat Photography

Meinen Vater Erwin, der einfach präsent ist.
Meine Mutter Sandeh für die Jahre der Unterstützung, mein eigener Chef zu sein.
Meine Schwester Nirava, die bei allen großen Projekten mit vollem Einsatz mitgemacht
hat.
Meine Freundin Julia für ihre Intuition und unerlässliche Hilfe.

Ayus Café in Bali, dass ich das Buch dort schreiben durfte.

Surdham Göb ist ein seit vielen Jahren auf vegane Küche spezialisierter Kochprofi, der auf 26 Jahre Kocherfahrung zurückgreifen kann. Seine Stationen waren unter anderem in San Francisco, New York und auf Hawaii. Seit 16 Jahren Chefkoch in diversen veganen Restaurants, unter anderen im Zerwirk Restaurant, zuletzt im Tushita, beide in München. Heute selbständig mit seiner Catering-Firma »Surdhams Kitchen«. Er hält Vorträge über vegane Ernährung und nachhaltige Lebensführung und erteilt Kochkurse in München. Surdham lebt in der Nähe von München.

© 2013
AT Verlag, Aarau und München
Lektorat: Martina McQueen, Berlin
Fotos: Oliver Brachat, www.oliverbrachat.com
Assistenz und Organisation: Steffi Neff
Making of Video: Martin Gentschow
Icons: Nina Himmler, München
Bildaufbereitung: Vogt-Schild Druck, Derendingen
Druck und Bindearbeiten: Printer Trento, Trento
Printed in Italy

ISBN 978-3-03800-741-8

www.at-verlag.ch